U0362162

# 法治视阈下农村生态环境治理研究

田春艳 著

南开大学出版社

天 津

**图书在版编目(CIP)数据**

法治视阈下农村生态环境治理研究 / 田春艳著. —
天津:南开大学出版社,2019.7
ISBN 978-7-310-05821-1

Ⅰ.①法… Ⅱ.①田… Ⅲ.①农村生态环境-环境管
理-研究-中国 Ⅳ.①F323.22

中国版本图书馆 CIP 数据核字(2019)第 161560 号

## 南开大学出版社出版发行
### 出版人:刘运峰
地址:天津市南开区卫津路 94 号　　邮政编码:300071
营销部电话:(022)23508339　23500755
营销部传真:(022)23508542　　邮购部电话:(022)23502200
\*
天津午阳印刷股份有限公司印刷
全国各地新华书店经销
\*
2019 年 7 月第 1 版　　2019 年 7 月第 1 次印刷
210×148 毫米　32 开本　6.625 印张　160 千字
定价:30.00 元

如遇图书印装质量问题,请与本社营销部联系调换,电话:(022)23507125

基金项目：教育部人文社会科学研究青年基金项目"法治视阈下农村生态环境治理研究"（批准号15YJC710055）；2016年度教育部高校示范马克思主义学院和优秀教学科研团队建设项目"高职高专思想政治理论课教学方法研究"（项目批准号16JDSZK042）

# 序　言

新中国成立后，我国积极融入现代化潮流，农村也跻身于现代化轨道之中。由于片面追求经济增长，现代化在给农村带来经济收益的同时，也产生了诸多的生态环境问题。当前，农村要承受的不仅仅有来自农村种植业、养殖业的环境压力，还有来自工业、旅游业的环境压力；要承受的不仅有诸如秸秆燃烧、生活垃圾积聚等问题，还要承受城市的生态压力转移问题。长期片面追求经济增长而忽视生态环境保护的后果，一方面是农村生态坏境破坏的加剧，另一方面则是人民福祉的降级。

问题是时代的声音。当前，农村严峻的生态环境已经成为不可忽视的问题，人民对优美生态环境的需要与日俱增。立足人民的需要，进行农村生态环境治理研究，是时代的必然选择。"依法治国是党领导人民治理国家的基本方式""全面依法治国是中国特色社会主义的本质要求和重要保障"，从法治的角度研究农村生态环境治理具有重大意义。

在法治的视阈下，本书对我国农村生态环境治理问题进行了深入研究（法治视阈下"农村生态环境治理研究"特指法治视阈下我国农村生态环境治理研究），在理论维度方面，构建了农村生态环境治理的法治理论；在实践维度方面，探究了实现农村生态环境治理法治化的路径。具体内容如下。

绪论部分主要说明为什么要以法治视阈下农村生态环境治理作为研究题目，即研究法治视阈下农村生态环境治理的理论与现实意义。同时，在对国内外相关研究进行综述和评析的基础上，阐明本书的研究思路和研究方法，提出创新及不足之处。

第一章对法治与农村生态环境治理的关系进行了研究。准确把握法治和农村生态环境治理的关系，是在法治视阈下进行农村生态环境治理研究的破题之点。科学界定法治、法治化、农村生态环境治理等相关概念，厘清法治与法治化的关系，法治与其他治理方式的关系，法治与农村生态环境治理的关系，法治、农村生态环境治理与现代化的关系，是本书研究的基本前提。

第二章对我国农村生态环境治理的历史与现状进行了总结。从历史中汲取宝贵经验，立足现实，继往开来，为法治视阈下农村生态环境治理奠定坚实的理论和实践基础。

第三章对国外农村生态环境治理的基本理论与实践进行了概括。研究和审视国外农村生态环境治理的理论与实践，为法治视阈下农村生态环境治理提供更多借鉴。

第四章对农村生态环境治理的法治需求及法治化方向进行了研究。研究农村生态环境治理的法治需求及法治化方向，是在法治视阈下进行农村生态环境治理研究的要义所在。通过考查农村生态环境治理主体、治理内容以及治理方式的法治需求，进一步明确法治是农村生态环境治理的必然选择，从而明确农村生态环境治理的法治化方向。

第五章对农村生态环境治理法治化评价指标体系进行了研究。农村生态环境治理法治化评价指标体系，是农村生态环境治理法治化的衡量标准和尺度。农村生态环境治理法治化是一个多因素综合作用的复杂概念，需要从定性和定量两个方面予以衡量。通过设定评价指标体系将农村生态环境治理法治化表现出来，就是对其进行定量研究。农村生态环境治理法治化评价体系构建要坚持科学性、系统性、结构性、动态性原则，进行多因素综合评价。

第六章对农村生态环境治理法治化路径进行了探究。如何破解当前农村生态环境治理难题，从根本上推进农村生态环境治理法治化，最终拥有良好的农村生态环境，是在法治视阈下进行农村生态环境治理研究的关键所在。推进农村生态环境治理法治化，需要建立健全各种相关的法律制度，以实现农村生态环境治理体系的现代化，其中涉及需要建立健全哪些法律制度，如何建立健全各种制度，如何保证各种制度的有效实施。推进农村生态环境治理法治化，需要不断探索创新各种方法和举措，以提升治理主体的法治能力，其中涉及在法治视阈下如何发展生态文化、生态经济以及生态政治，如何处理好城市与农村的关系以及全面深化改革同农村生态环境治理的关系。

本书获得教育部人文社会科学研究青年基金项目"法治视阈下农村生态环境治理研究"（批准号 15YJC710055）、2016 年度教育部高校示范马克思主义学院和优秀教学科研团队建设项目《高职高专思想政治理论课教学方法研究》（项目批准号 16JDSZK042）以及天津职业大学学术专著专项经费资助，在此表示感谢。

田春艳

2019 年 5 月 5 日

# 目　录

# 绪　论

## 第一节　问题的提出及研究意义

自 20 世纪 80 年代以来，生态环境问题席卷全球，成为所有现代化国家必须要面对和解决的重大问题。作为国家的重要组成部分，农村在现代化的轨道之中，必须要面对日渐凸显的生态环境问题，法治视阈下农村生态环境治理研究应运而生，且具有重要的意义。

### 一、研究问题的提出——法治视阈下农村生态环境治理

在现代化的探索过程中，农村出现了不可忽视的生态环境问题。这些问题突出地表现在农村水生态环境、土壤生态环境以及大气生态环境方面。从水生态环境来看，水污染问题依然突出。地表水水源地的氨氮、总磷以及五日生化需氧量等不达标，地下水饮用水水源地的总大肠菌群、氨氮以及氟化物等不达标。农村水资源短缺，池塘水渠水量减少甚至枯竭，水生物减少。从土壤生态环境来看，尤为突出的问题是耕地污染严重、质量下降。当前，我国人均耕地不足世界人均耕地的一半，优质耕地较少，劣质耕地的基础地力相对较差，污染严重、肥力不足，不利于农业生产。从大气生态环境来看，主要表现为异常天气增多，尤其是雾霾天气频仍。近年来，农村平均气温持续走高，高温炎热天气和旱灾连年发生，已经严重

影响到农作物的生长。与炎热天气和旱灾天气相对照的是，农村地区低温冷冻天气和雪灾频繁出现。大量牲畜因灾死亡，农作物因暴雪和低温冷冻而受灾，经济损失严重。1978—2002 年之前，农村沙尘天气极为普遍且强度大。经过多年的植树造林、防沙固沙工作，如今沙尘天气明显得到遏止。但同时，与沙尘天气减少相对照的是雾霾天气增多。异常天气反映出大气生态环境破坏严重。

在现代化过程中，农村家庭的经营性收入较以前有了大幅度提升，近年来连续出现了"增收连快"现象。同时，随着现代化的不断推进，大批农民进城务工，农村家庭工资性收入比例也不断提高。随着物质生活水平的提升，人民对优美生态环境的需求不断上升。农村生态环境急需治理。在依法治国成为治国理政的基本方针的新时代，我们需要深思法治与农村生态环境治理的关系，需要审视法治视阈下农村环境治理的理论与实践，使农村生态环境治理更具实效。

## 二、研究意义

在法治视阈下研究我国农村生态环境治理的理论体系、衡量标准以及实现路径，既是与时俱进发展马克思主义的理论要求，又是解决农村生态环境问题的现实需求，具有重大的理论和现实意义。

### （一）理论价值

1. 丰富和发展中国特色社会主义法治理念

围绕多元化治理和法治化发展，从治理主体、治理内容、治理方式等方面丰富和发展中国特色社会主义法治理念。

2. 丰富和发展农村生态环境治理理论

在法治视阈下研究农村生态环境治理问题，厘清法治与其他治理方式的关系，法治与农村生态环境治理的关系，在现代化进程中为农村生态环境治理提出新的思路。

**（二）实际应用价值**

1．为党和政府破解农村生态环境治理难题提供政策建议

农村生态环境问题产生于现代化进程中，必须具有现代化的解决思路。本研究将法治和农村生态环境治理联结起来，将为现代化进程中的农村生态环境治理提供基础性的学理探索和先期性的政策思考。

2．为党和政府推动美丽乡村和美丽中国建设提供决策借鉴

在整个生态系统中，城市和乡村相互依存、密不可分。在城乡一体化背景下深入研究农村生态环境治理路径和方法，为美丽乡村和美丽中国建设提供思路和方法启示。

3．为党和政府加强和改善民生提供路径参考

良好的生态环境是最普惠的民生福祉。从政治、经济、文化、社会、生态等方面统筹研究农村生态环境治理问题，旨在实现生态与民生全面融合，使人民共享发展成果。

# 第二节　研究现状

## 一、国内关于农村生态环境治理的研究

相比我国城市生态环境问题，学术界对我国农村生态环境问题的关注比较滞后。直到 20 世纪 80 年代，农村生态环境问题日渐凸显，这一领域的研究才逐渐受到全党和全社会的广泛关注。在此期间，党中央出台了"五个一号文件"，均涉及农村生态环境问题：1982年一号文件中指出，农业应走投资省、耗能低、效益高和有利于保护生态环境的道路。1983 年一号文件中指出，实现农业发展目标，必须注意严格控制人口增长，合理利用自然资源，保持良好的生态

环境。1984 年和 1985 年的一号文件也提出要改善和保护农村生态环境。1986 年一号文件则要求有关部门于当年内制定水土保持和农村环境保护的具体措施，报国务院批准实施。2004 年至今，中央继续连续出台一号文件，目标直指三农问题。几乎与中央关注同步，农村生态环境问题也成为理论界研究的一个热点。1985 年 3 月，全国环境保护科技情报网协同城乡建设境保护部南京环境科学研究所共同召开了第一次全国农村生态环境学术情报交流会，同年同月，《农村生态环境》编辑委员会第一次会议在南京召开，切实推动了我国农村生态环境治理研究的进程。2006 年，《中国环境状况公报》首次专章分析了农村环境质量状况，学术界关于农村环境问题的探讨更为深入。概言之，改革开放至今，学术界对我国农村生态环境治理问题的探讨主要涉及以下几个方面。

## （一）治理理论的研究：从引入到中国化

2000 年，俞可平对西方治理理论做了详细介绍，区分了统治和治理的不同内涵。①自此，治理理论引起了学界广泛关注并逐渐具有了中国特色、中国风格和中国气派。许耀桐等学者进一步指出，治理可分为国家治理、政府治理及社会治理等不同种类②，其基本要素是治理主体、治理客体、治理目标和治理方式③，共同性、目的性和多样性是其三个基本特征④。陈明明认为，目前在中国，不存在没有政府的治理，也不存在小政府的治理⑤，李龙认为中国式的治理不同于西方以公民社会为基点的治理，而是坚持党的领导、

---

① 俞可平. 经济全球化与治理的变迁 [J]. 哲学研究，2000（10）：17-24，79.

② 许耀桐，刘祺. 当代中国国家治理体系分析 [J]. 理论探索，2014（1）：10-14，19.

③ 丁志刚. 论国家治理体系及其现代化 [J]. 学习与探索，2014（11）：52-57.

④ 宣晓伟. 国家治理体系和治理能力现代化的制度安排：从社会分工理论观瞻 [J]. 改革，2014（04）：151-159.

⑤ 陈明明. 国家现代治理中的三个结构性主题 [J]. 中国浦东干部学院学报，2014，8（05）：5-6.

政府负责、公众参与、社会协同、法制保障的新格局①。

**（二）对农村生态环境问题的研究：从表现到原因**

据已有研究资料显示，当前我国农村生态环境问题比较突出，可以概括为环境污染和生态破坏两大类问题。

1. 环境污染

在环境污染方面，黄洪雷从五个方面描述了农村环境污染问题：①农村厨余、杂草、生活垃圾和污水未经处理随意弃撒；②来自城市的生产垃圾、生活废弃物和废水等通过人工转运、自然转移等方式进入农村；③以塑料为代表的"白色污染"对农村生态环境造成严重破坏；④一些农村地区不科学施用化肥和农药，污染了农村的水、土和空气；⑤随着现代化的推进，原来作为燃料或者饲料的作物秸秆被大量废弃、燃烧，破坏了空气组成结构，加重了雾霾。②苏杨、魏际刚根据污染源的不同将农村现代化进程中的环境污染归结为以下三类：①在现代化过程中，过度使用化学投入品造成了农村环境污染；②在现代化过程中，由于缺乏科学规划，很多村镇在公共卫生、节能环保等方面缺乏应有的配套设施和有效的管理，各种废弃物直接排放而污染了农村环境；③在现代化过程中，农村养殖业和乡镇企业蓬勃发展，但是在生产选址方面未考虑其对农村环境的影响、在废弃物处理方面缺乏应对和治理，对农村环境造成污染。③费广胜总结了生态文明建设面临的挑战，进而将农村环境污染源头总结为农村废弃物（如农村生活污水、生活垃圾、人畜粪便）、

---

① 李龙. 建构法治体系是推进国家治理现代化的基础工程[J]. 现代法学，2014，36（3）：3-13.

② 黄洪雷. 加强农村环境保护 建设和谐新农村 [J]. 安徽农业大学学报（社会科学版），2007，16（2）：6-9.

③ 苏杨，魏际刚. 新农村建设中解决农村环境污染问题的对策[J]. 经济研究参考，2007（4）：43-48.

农用化肥农药、乡镇企业废弃物、矿产资源开采废弃物等。[①]

2. 生态破坏

在生态破坏方面，费广胜认为主要存在着水土流失、土壤肥力下降、植被覆盖不足、土地荒漠化等问题。[②]杜受祜、丁一认为，当前我国农村的生态破坏问题主要表现在水土流失严重、生物多样性减少等方面。生态破坏不仅导致水资源极度紧缺，也加剧了大气环境和耕地环境恶化。作为我国的后方基地，农村面临的日趋严重的环境破坏已经严重威胁到整个国家的生态安全。[③]张雅光从新农村建设的角度阐述了我国农村生态破坏的现状：①农村生态环境总体出现退化，表现为耕地面积减少、优质耕地不足、水土流失日趋严重、土地荒漠化加剧、淡水资源严重短缺、水体污染严重；②农村环境污染多元化导致生态破坏程度加深，农药、化肥和农膜污染交织、农村废弃物污染与工业"三废"污染聚合，其他各种难防难控的污染不断出现。[④]陈群元、宋玉祥亦论述了新农村建设中农村生态环境面临的突出问题，将其分为农村生态植被破坏、农村水环境失衡、农村土壤环境破坏、农村大气环境污染等几个方面。[⑤]杨永芳、周志民和谭莉梅从农田、水体、植被、生物多样性、大气等方面分析了我国农村生态环境破坏的问题。[⑥]

---

① 费广胜. 农村生态文明建设与农民合作组织的生态文明功能[J]. 农村经济,2012(2): 104-108.

② 费广胜. 农村生态文明建设与农民合作组织的生态文明功能[J]. 农村经济,2012(2): 104-108.

③ 杜受祜,丁一. 我国新农村生态文明建设中的几个问题 [J]. 西南民族大学学报（人文社科版）, 2009（2）：29-34.

④ 张雅光. 新农村建设中农村生态环境保护对策研究 [J]. 天津行政学院学报, 2008, 10（1）：77-80.

⑤ 陈群元, 宋玉祥. 我国新农村建设中的农村生态环境问题探析 [J]. 生态环境, 2007 (3)：146-149.

⑥ 杨永芳,周志民,谭莉梅. 解决农村生态环境问题的法制对策 [J]. 农业现代化研究. 2005, 26（3）：177-181.

总体上，目前学术界认为农村生态环境面临着许多问题，资源匮乏与环境污染、生态恶化相伴相生。伴随着工业化、城镇化、现代化进程的加速，这种趋势更加明显、严峻。当前，对于这些问题的关注，多数还处于孤立看待和零散研究阶段，需要置于生态系统中整体研究。

为更好地推进农村生态环境治理，学界深入分析了农村生态环境问题产生的原因，并对其进行了综合论述。

（1）污染源头

从污染源方面来说，费广胜认为，农村环境污染的主要原因是农村废弃物污染（农村生活污水污染、生活垃圾污染、人畜粪便污染）、化肥农药污染、乡镇企业工业污染和矿产资源开采造成的污染等。[①]黄洪雷则指出，我国农村生态环境污染源之一是城市垃圾污染的转移。[②]

（2）思想原因

从思想方面来说，管爱华认为，农村生态环境问题产生的原因是在现代化过程中，农民的价值观出现了问题。[③]侯锐认为，农村生态环境问题的根源在于生态和环保意识缺乏。[④]黄洪雷也谈到了农村落后的传统习俗、淡薄的环保意识问题。[⑤]

（3）消费原因

从消费方面来说，戴迎华和张春梅认为，当前我国农村消费模

① 费广胜. 农村生态文明建设与农民合作组织的生态文明功能[J]. 农村经济，2012（2）：104-108.

② 黄洪雷. 加强农村环境保护 建设和谐新农村[J]. 安徽农业大学学报（社会科学版），2007，16（2）：6-9.

③ 管爱华. 农村生态文明建设中农民的价值观转换[J]. 马克思主义与现实（双月刊），2009（1）：152-154.

④ 侯锐. 中国农村生态环境恶化的内因及对策[J]. 调研世界，1999（11）：34-36.

⑤ 黄洪雷. 加强农村环境保护 建设和谐新农村[J]. 安徽农业大学学报（社会科学版），2007，16（2）：6-9.

式不合理，在生产领域不能节约消费，在生活领域不能践行绿色、低碳消费，这是造成资源浪费、生态环境恶化之因。[1]杨艳、刘慧婷和徐懿佳亦认为生态环境问题同农村消费模式有关。[2]

（4）管理原因

从管理方面来说，苏杨、魏际刚认为，农村环境管理体系城市化是农村生态环境产生的重要原因。农村生态环境问题有农村的特点，应该有针对性地治理。但是，当前针对农村生态环境问题的治理实效不强。例如，农村乡镇企业基本都是小型企业，未形成较大规模，而针对这些企业的治理基本都是遵循城市规模企业治理思路和方式，因而缺乏针对性和适用性，导致点源污染治理实效性不强。总体上，由于农业面源污染的分散性、散户养殖的不易监控性、乡镇企业污染的隐蔽性和随机性等特点，单纯模仿和照搬城市的管理体系不仅不能解决问题，反而劳民伤财、劳而无功。此外，作为主要的管理者，乡镇政府缺乏污染治理资金，无法购买、维护污染治理设施，也无力支持其他防污治污举措。乡镇政府的财力匮乏大大制约了农村生态环境问题的解决，使得农村环境治理陷入困境。[3]黄洪雷也认为，我国农村生态环境问题产生的主要原因与落后的管理规划、微乎其微的环保投入有关。[4]刘召、羊许益则认为政府公共物品供给的职能"缺位"是农村生态环境恶化的根本原因。[5]

总体上，对于我国农村生态环境问题的原因，学术界基本从农

---

① 戴迎华，张春梅. 农村生态消费模式在农村生态文明建设中的作用分析 [J]. 安徽农业科学，2011，39（28）：17663-17665.

② 杨艳，刘慧婷，徐懿佳. 转变农村消费模式与实现生态消费 [J]. 农村经济，2011（1）：58-62.

③ 苏杨，魏际刚. 新农村建设中解决农村环境污染问题的对策 [J]. 经济研究参考，2007（4）：43-48.

④ 黄洪雷. 加强农村环境保护 建设和谐新农村 [J]. 安徽农业大学学报（社会科学版），2007，16（2）：6-9.

⑤ 刘召，羊许益. 农村生态环境危机及其治理——基于公共物品理论的视角 [J]. 农村经济，2011（3）：104-108.

村生产、农村生活、城市污染转移、政府环境监管、技术供给、思想观念等方面进行了分析。在对问题产生原因进行综合概括的基础上,学术界对一些原因进行了重点论述,如乡镇企业发展与农村生态环境问题、城镇化与农村生态环境等。种种论述,对于有效解决我国农村生态环境问题极为重要。同时,当前的研究也存在着一些不足:首先,没有明确区分生态环境问题的现象与原因。很多学者将"生态环境问题的表现"与原因混为一谈。其次,没有明确区分产生问题的浅层原因和深层原因、直接原因和根本原因。各种原因混为一谈,未能突出深层原因和根本原因,容易导致治标不治本,事实上也不利于问题的根本解决。

**(三)对农村生态环境治理的研究:从转变发展观念到转变发展方式**

为解决农村生态环境问题,学术界进行了积极的探讨,认为农村生态环境治理是一个系统工程,必须全方位予以推进。学界主要观点如下。

1. 必须转变不合理的发展观念,在经济发展过程中保护农村生态

刘思华提出,要依据物质和能量守恒定律,大力发展农村生态经济。发展生态经济要合理开发和利用自然资源,促进农村产业结构协调发展,以实现经济与生态的双重目标。[①]丁举贵等提出,要在经济发展过程中进行我国农村生态系统的建设,通过教育、法规、政策、技术、人口等九个举措,解决森林资源破坏、水土流失严重、水旱灾害频繁、耕地面积减少、污染日趋严重、生活能源紧张等问题。[②]陶思明以为,要寓农村环境保护于经济活动之中,以环境保护促进农村经济的持续发展,同时通过开发应用生态技术,循序渐

---

① 刘思华. 对农村生态经济良性循环问题的探讨 [J]. 学习与探索,1986(4):83-90.

② 丁举贵,陈聿华,李敦法,等. 从湖北省生态现状略谈我国农村生态系统的建设[J]. 生态经济,1987(6):15-19,36.

进地解决农村生态环境问题。[①]这些学者多年前的建议，具有重要的开创意义。至今很多学者依然大力提倡发展生态经济、循环经济，在经济发展过程中保护农村生态环境。例如，王如松提出要发展生态产业[②]、王奇和李鹏提出要发展生态经济[③]等。

2. 要改革现存的不合理的资源利用和管理制度，加强农村生态环境管理

姜白臣认为，为了彻底改善农村生态环境，必须改革现存的不合理的资源利用和管理制度，逐步健全资源产权制度，制定并完善资源税费，贯彻有偿使用制度。[④]梁流涛分析了农村生态环境的时空特征及其演变规律，建议从顶层设计农村生态环境管理模式，以实现农村发展与生态环境保护相协调。从环境决策方面来讲，要将生态环境保护作为农村发展的重要元素；从环境管理体系方面来讲，要充分发挥激励和约束的作用，形成基于农村实际的农村生态环境管理体系；从环境规划方面来讲，要立足生态空间，科学规划农村生态功能区。[⑤]杨永芳、周志民和谭莉梅指出，要加强政府公共环境管理职能，强化行政领导责任，不断完善农村环境保护法律体系。[⑥]周民良认为，政府要以新农村建设为立足点，抓好农村生态环境管理工作。为此，首先要强化政府的责任意识，并实行责任到人。其次，要以农村产业为重点，抓好各个产业的环境治理工作。

---

① 陶思明. 世纪之交的农村生态环境保护 [J]. 中国环境管理，1993（6）：4-8.

② 王如松. 从农业文明到生态文明——转型期农村可持续发展的生态学方法 [J]. 中国农村观察，2000（1）：2-9.

③ 王奇，李鹏. 基于"三位一体"的我国农村生态经济发展模式 [J]. 生态经济，2008（7）：68-72.

④ 姜白臣. 完善资源产权管理制度 保护农村生态环境 [J]. 中国农村经济 1992（12）：56-57.

⑤ 梁流涛. 农村生态环境时空特征及其演变规律研究 [D]. 南京：南京农业大学，2009.

⑥ 杨永芳，周志民，谭莉梅. 解决农村生态环境问题的法制对策 [J]. 农业现代化研究. 2005，26（3）：177-181.

再次，要积极推动科学技术发展，对农村环境进行有效监测。①

3. 要改变不利于农村生态环境保护的思想观念，牢固树立生态文明理念

陈启明认为，生态文明理念至关重要，需要在农村牢固树立。②杜受祜、丁一从建设农村生态文明的角度，进一步提出要将生态文明的观念融入到农村的企业、家庭和个人的生产和生活实践之中，形成符合生态环境保护的生产方式、生活方式和消费方式，走出一条符合中国农村实际的农业现代化道路，探索出一条通向城乡经济社会一体化的发展道路。③管爱华认为，在农村生态文明建设中要提升农民对生态环境的重视程度，使农民的价值观向着有利于农村生态环境的方面转换。④王周认为，生态伦理是农村可持续发展乃至整个国民经济可持续发展的关键，需要在农村加强生态伦理建设。⑤周林霞亦从农村城镇化角度，提出要从三个方面构建农村城镇化进程中的生态伦理，即政府机构的生态伦理、企业组织的生态伦理、公民个体的生态伦理。⑥张雅光认为，要保护农村生态环境，必须控制农村人口的增长、提高人口素质，并通过加强宣传教育的方式，使农民的生态环境意识得到有效提升。⑦李恩认为，要加强农村生态文化建设，为农村环境问题的解决提供新的路径。据此，他提出要在大力发展生态农业和农民专业合作社的过程中，发展人

---

① 周民良. 我国农村环境的变化趋势成因与解决路径[J]. 学习与实践，2007（4）：24-31.

② 陈启明. 生态文明视野下的农村环境问题探析［J］. 农业经济，2009（9）：12-14.

③ 杜受祜，丁一. 我国新农村生态文明建设中的几个问题［J］. 西南民族大学学报（人文社科版），2009（2）：29-34.

④ 管爱华. 农村生态文明建设中农民的价值观转换［J］. 马克思主义与现实（双月刊），2009（1），152-154.

⑤ 王周. 农村生态伦理建设研究——从中国农村的环境保护看农村生态伦理建设［D］. 长沙：湖南师范大学，2003.

⑥ 周林霞. 农村城镇化进程中的生态伦理构建研究［J］. 中州学刊，2013（1）：112-116.

⑦ 张雅光. 新农村建设中农村生态环境保护对策研究［J］. 天津行政学院学报，2008，10（1）：77-80.

与自然和谐的精神文化，并通过相应制度措施予以保障。①

4. 要摒弃不合理的消费方式，形成生态消费方式

戴迎华、张春梅认为当前我国的农村消费，不管是在生产领域还是在生活领域都存在一些问题，这些问题造成了资源浪费、生态环境恶化，不利于农村生态文明的建设。因此，必须转变不合理的生产消费与生活消费模式，形成适度消费、可持续消费。②杨艳、刘慧婷和徐懿佳亦认为应该转变农村铺张浪费、自享自利的消费方式，形成生态消费。③

5. 要改变自上而下的治理方式，充分调动农民主体的积极性

乌东峰指出，要重视农民在解决农村生态环境问题中的重要作用，可以通过农村社区机制调动群众积极参与环境保护，使环境保护成为群众的共同行动和全社会的共同事业。④宋言奇也从农村生态环境保护实践的角度支持农村社区建设，认为这一举措可以避免搭便车、责任规避等问题，是农村生态环境保护的出路。⑤陶思明认为，要重视农民和农村环保基层工作者的作用，可以通过环保宣传教育等强化其意识、指导其实践。⑥费广胜提出，要发挥农民合作组织的生态文明功能，大力建设农村生态文明。⑦兹不一一列举。

总体上，我国农村生态环境问题的解决不是朝夕之功，也非一种路径。学术界正是从全局和整体出发，给出多方面的综合路径。

① 李恩. 中国农村生态文化建设研究 [D]. 长春：吉林大学，2012.

② 戴迎华，张春梅. 农村生态消费模式在农村生态文明建设中的作用分析 [J]. 安徽农业科学，2011，39（28）：17663-17665.

③ 杨艳，刘慧婷，徐懿佳. 转变农村消费模式与实现生态消费 [J]. 农村经济，2011（1）：58-62.

④ 乌东峰. 论农村社区机制与农村生态环境保护 [J]. 学术论坛，2005（1）：81-85.

⑤ 宋言奇. 我国农村生态环境保护的社区机制研究 [J]. 中共长春市委党校学报，2007（6）：71-75.

⑥ 陶思明. 关于农村环境保护若干问题的思考 [J]. 中国环境管理，1993（4）：4-8.

⑦ 费广胜. 农村生态文明建设与农民合作组织的生态文明功能 [J]. 农村经济，2012（2）：104-108.

但是，无论是思想观念还是生产方式抑或生活方式的转变，都需要对人的行为有一种更为严格的约束，这样才能从源头上解决问题。弘扬法治理念，依法治理，正是解决我国农村生态问题的有效路径。而当前的研究，对于农村生态环境治理法治这一重要方面较为忽视。

**（四）农村生态环境质量指标体系研究：从农业到农村**

学者们对农村生态环境质量进行了相关研究，涉及到农村生态环境质量指标体系构建问题。这也是农村生态环境问题研究的一个重要方面。

1. 一些学者们在构建与现代农业相关的评价指标体系时涉及了农村生态环境指标

赵美玲、王述英从农业国际竞争力的界定出发，构建了包括农业国际竞争力的评价指标体系。其中，生态环境竞争力体现了对农村生态环境问题的重视，包括水土流失、沙漠化、盐碱化治理率和自然灾害发生率等三级指标。[①]在《现代农业评价指标体系研究》一文中，赵美玲将现代农业可持续发展水平作为现代农业的一级评价指标，并在此指标下，构建出生态环境与生态农业发展的二级指标，由森林覆盖率（有林地面积/国土总面积）、土壤有机质含量提高率、土壤环境质量指数、标准化农产品覆盖率等具体三级指标构成。[②]吴建军、王兆骞和胡秉民等构建了生态农业综合评价的指标体系，其中包括资源利用率指标、生态功能效益指标、经济功能效益指标、社会效益指标。[③]程智强、程序构建的农业现代化指标中，包括现代化水平和现代化质量两个一级指标，涉及水土质量和产品质量水平、森林覆盖率等。[④]辛岭、蒋和平在对我国农业现代化发

① 赵美玲，王述英. 农业国际竞争力评价指标体系与评价模型研究 [J]. 南开经济研究，2005（6）：39-44.

② 赵美玲. 现代农业评价指标体系研究 [J]. 湖北行政学院学报，2008（1）：65-68.

③ 吴建军，王兆骞，胡秉民. 生态农业综合评价的指标体系及其权重 [J]. 应用生态学报，1992，3（1）：42-47.

④ 程智强，程序. 农业现代化指标体系的设计 [J]. 农业技术经济. 2003（2）：1-4.

展水平评价指标体系的构建和测算中,提出了农业可持续发展水平,主要通过森林覆盖率去衡量。

2. 一些学者专门探讨了农村生态环境质量指标体系问题

曾广权、李宏文等对云南省元谋县农村生态环境进行了研究,对其质量进行了测度。[①]于淑萍、姜文谦和侯光关注黑龙江省农村生态环境质量,对其考核评价指标体系进行了探讨。[②]宁昭玉、魏远竹和徐学荣将福建农村作为研究对象,构建了生态环境质量指标体系并对其生态环境现状进行了评估。[③]曹连海等构建了农村生态环境指标体系,涉及空间结构、生态功能、协调度三个方面,设定了一个五级分级标准,并给出相应的分级评语,以评价农村地区的生态化程度。[④]

总体上,国内学术界对我国农村生态环境指标体系构建进行了一些初步探讨,但已有的研究仍缺乏针对性研究,不够深入、不够系统。农村生态环境问题是在现代化过程中产生的,是在法治尚未充分发挥效力的空间中产生的,因此,迫切需要在法治思维的指引下,构建出更具实际指导意义、更全面、更系统的评价指标体系。

## 二、国外对我国农村生态环境治理的相关研究

相对于国内而言,国外对我国农村生态环境治理的专门性研究较少。但是,由于相关研究的重要性,这些仍然对我国农村生态环境治理具有非常重要的借鉴意义。

---

① 曾广权,李宏文. 农村生态环境质量指标体系的初步初探——云南省元谋县生态环境质量评价 [J]. 生态经济,1987 (2):14-16.

② 于淑萍,姜文谦,侯光. 黑龙江省农村生态环境建设考核指标体系及标准 [J]. 北方环境,1998 (1):44-47.

③ 宁昭玉,魏远竹,徐学荣. 福建农村生态环境现状与评价指标体系构建 [J]. 环境科学与管理,2008,3 (2):37-42.

④ 曹连海,郝仕龙,陈南祥. 农村生态环境指标体系的构建与评价 [J]. 水土保持研究,2010,17 (5):238-241.

### （一）治理理念：从统治到治理

1989 年，世界银行首创"治理危机"一词，"治理"取代"统治"被广泛用于政治、经济、社会等领域。治理是对政府统治的超越，既包括政府机制，也包括非政府的机制。[①]治理意味着统治的含义有了变化，意味着一种新的统治过程。[②]治理要想发挥作用，需要参与者形成自主的网络，各个参与者在网络中对政府的行政管理责任予以分担，依靠多种互相发生影响的行为者的互动，具有五个论点。[③]

### （二）生态环境破坏：从原因分析到治理路径

1968 年，加勒特·哈丁（Garrett Hardin）在《科学》（*Science*）杂志上撰文指出：在诸如公共牧场这类系统中，个人为了谋求自己的利益，会不断增加对资源和环境的损耗（如每个放牧人都会在公共牧场无限增加自己的牲畜，而不考虑生态环境承受能力），其最终结果注定是毁灭。[④]由于公共资源的"无主性"，每个使用者都会为了个人私利而忽视公共环境利益；而面对公共环境破坏，每个使用者又不会为之停止对个人私利的追逐。因此，环境破坏是必然的结果。Garrett Hardin 的观点在理论界产生了深远的影响，资源使用不当与环境破坏的关系也成为国外学术界探讨农村生态环境破坏的重要主题。例如，大卫·齐伯曼（David Zilberman）和斯科特·R. 邓普顿（Scott R. Templeton）认为，在农业生产过程中，政策设计和自然资源使用规划的缺陷或者不充分是导致农村生态环境问题的重

---

① Rosenau. Governance in the Twenty-first Century [J]. Global Goverance, Vol, 1, No. e1, 1995.

② R. Rhodes. The New Governance: Goberning without Government [J]. Political Studies, 44, 1996.

③ 格里·斯托克，华夏风. 作为理论的治理：五个论点 [J]. 国际社会科学杂志（中文版），1999（1）：19-30.

④ Garrett Hardin. The Tragedy of the Commons [J]. Science (New York，N. Y.), 1968, 162: 1243-1248.

要原因。①加金德拉·S. 尼若拉（Gajendra S. Niroula）和戈帕尔·B. 塔帕（Gopal B. Thapa）研究了南亚的土地碎片化问题，认为土地碎片化使用会导致耕地资源浪费、土地管理低效，从而导致一系列环境问题。②H. 范·梅基尔（H. Van Meijl）、T. 范·里恩（T. Van Rheenen）、A. 塔博（A. Tabeau）和 B. 艾克浩特（B. Eickhout）也认为，农村生态环境问题与农业生产过程中的土地利用方式有关。③此外，学者们在对资源利用不当导致环境破坏的研究过程中，实际上也已经探究了政府管制低效、市场调节失灵等原因。

对于生态环境语境下的"公地悲剧"问题，学者们从不同角度提出了解决路径：卡拉瑟斯（Carruthers）和斯托纳（Stoner）（1981）等认为应该由国家或者政府对资源进行有效的集中管制④；延续科斯（Coase）的产权思路，德姆塞茨（Demsetz，1967）等学者认为应该对公共资源实行私有化⑤；埃莉诺·奥斯特罗姆（Elinor Ostrom）则在系统分析上述两种思路的基础上，独辟蹊径地提出了生态环境自主治理的解决路径⑥。这些观点和理论为国外解决生态环境问题提供了广阔的思路，也对农村生态环境治理产生了重大影响。一些国家将治理理论运用于农村治理实践，并逐渐在世界享有声誉。1979年，日本学者平松守彦倡导开展"一村一品"运动，在日本首先获

---

① David Zilberman, Scott R Templeton, Madhu Khanna. Agriculture and the environment: An economic perspective with implications for nutrition [J]. Food Policy, 1999, 24(2-3): 211-229.

② Gajendra S. Niroula , Gopal B. Thapa. Impacts and causes of land fragmentation, and lessons from land consolidation in South Asia [J]. Land Use Policy, 2005, 22(4): 358-372.

③ H. van Meijl, T. van Rheenen, A. Tabeau, B. Eickhout. The impact of different policy environments on agricultural land use in Europe [J]. Agriculture, Ecosystems and Environment, 2006, 114(1): 21-38.

④ Carruthers, Stoner. Economic Aspects and Policy Issues in Groundwater Development [M]. World Bank staff working paper No. 496. The World Bank, Washington, D. C., 1981: 29.

⑤ Demsetz. Toward a Theory of Property Rights [J]. American Economic Review, 1967, 62(5): 347-359.

⑥［美］埃莉诺·奥斯特罗姆. 公共事物的治理之道：集体行动制度的演进 [M]. 余逊达，陈旭东，译. 上海：上海译文出版社，2012：31.

得成功，并逐步走向世界，特别是在亚洲地区，"一村一品"已经成为一个农民脱贫致富的手段开展起来。①20世纪70年代，韩国总统朴正熙发起新村运动，倡导农民参加建设村庄项目，培育农民的生活伦理精神，从而加速了农村现代化的发展。

他山之石，可以攻玉。尽管我国国情不同于其他国家，但是由于生态环境问题的全球性特点，国外相关理论研究对我国解决农村生态环境问题仍具有重要的借鉴意义。

### 三、总体研究评述

当前，国内外学术界对治理、农村治理、农村生态环境治理的相关研究已经取得诸多成绩，但也存在着一些不足和薄弱之处，这些不足和薄弱之处将成为今后研究之趋势。

#### （一）研究内容之趋势

1. 需侧重于研究农村生态环境治理理论

学界对农村生态环境治理实践进行了多方面探讨，但对生态环境治理理论重视不够。唯有重视治理理论，才能更有效地指导农村生态环境治理实践。

2. 需重点研究农村生态环境治理的评价指标体系

学界对农村生态环境治理过程进行了研究，但对治理效果的研究关注不够。生态环境治理评价指标体系既是衡量标准，又是检验尺度，应该成为农村生态环境治理的重要研究视点。

3. 需有针对性地研究农村生态环境治理路径

学界对农村生态环境治理的路径给出了多种建议，但有些举措过于宏大，在实践中缺乏针对性和可操作性，应从治理主体、治理内容、治理方式、治理结构等方面有针对性地进行研究，以提高治理实效。

---

① 平松守彦. 为农民脱贫致富，我将继续努力［J］. 国际人才交流，2010（6）：1.

## （二）研究角度之趋势

### 1. 需注重现代化角度

农村生态环境问题是在现代化的过程中出现的，需对我国农村生态环境治理予以现代化的现实观照和时代超越。而目前学界对现代化视角关注不够，需要予以高度重视。

### 2. 需注重法治角度

法治是治国理政的现代化方略，与现代化发展趋势具有内在的契合性。从法治的角度剖析农村生态环境问题及其治理仍为当前研究之薄弱环节，应该成为今后研究的重要方向。弥补已有研究之不足，在原有研究的基础上不断拓展和创新，正是本书的主旨立意所在。

# 第三节　研究方法、研究思路、创新与不足

## 一、研究方法

本书坚持理论分析和实际研究相结合，采取多种研究方法，主要如下。

### （一）文献梳理法

尽管法治视阈下农村生态环境治理是一个较新的研究主题，但相关研究方兴未艾，且已经取得较为丰硕的成果。这些研究成果对于本书研究具有重要的借鉴意义。因此，广泛搜集相关文献资料，并做出恰当分析，是本书特别重视的研究方法之一。

### （二）实地调查法

对农村生态环境治理进行研究必须立足当代农村实际，必须具有问题意识。这就需要在对相关文献进行全面分析的同时，尽己所

能地到一些农村地区进行实地参观、考察，通过所见、所闻、所感，努力获得第一手资料。这是本书采取的又一重要研究方法。

## （三）历史分析法

我国农村生态环境治理与现代化相携并行。本书还采取了历史分析法，通过对我国农村生态环境治理进行历史考察，总结不同发展阶段农村生态环境治理的举措，为进一步推进农村生态环境治理提供有益借鉴。

## 二、研究思路

在现代化进程中，由于发展理念和实践的偏颇，我国农村在经济发展的同时，出现了严峻的生态环境问题。在法治视阈下研究农村生态环境治理问题，是秉承实事求是原则，基于理论与实际相结合、历史与现实相结合、国内与国外相结合而进行的探索。具体研究思路如下。

首先，要从理论上准确把握法治和农村生态环境治理之间的内在关系。这是在法治视阈下进行农村生态环境治理研究的破题之点。这就需要科学界定法治、农村生态环境治理等相关概念，并厘清相关范畴之间的关系。通过探讨法治与农村生态环境治理的关系，在理论上为本书之立论寻找依托。

其次，要从实际中探寻农村生态环境法治的生长土壤和发展空间。就国内而言，我国农村生态环境治理经历了长时期的探索，需要在法治视阈下总结我国农村生态环境治理的基本经验并明晰治理的难题，为进一步推动农村生态环境治理寻求可行之道。就国外而言，其他国家的农村生态环境治理实践，既是对其治理理论的检验，又可为我国进行农村生态环境治理提供不可或缺的经验借鉴。综合国内外农村生态环境治理实践，可为农村生态环境治理法治化提供重要依据。

再次，如何实现农村生态环境治理法治化。基于理论和实际的考量，法治应成为农村生态环境治理的必然选择，农村生态环境治理应该走上法治化道路。据此，应进一步深入探讨如何实现农村生态环境治理法治化。这就需要构建农村生态环境治理的法治化指标体系，以检验我国农村生态环境治理的程度和水平；需要在实践中探索农村生态环境治理法治化的路径，以不断推动我国农村生态环境治理法治化进程，推动农村生态环境法治的生态化发展，最终实现人与自然和谐发展的现代化格局。

### 三、拟突破的重点和难点

在法治视阈下进行农村生态环境治理研究，涉及政治、经济、文化、社会、生态、党的建设等诸多领域，需要多学科知识体系、多角度研究视野、多层次研究内容、多样化的研究方法。在已有研究基础上，本书拟突破以下重点和难点问题，以保证研究水平和质量。

### （一）拟突破的重点

#### 1. 形成农村生态环境治理的法治理论

理论是行动的先导。推动农村生态环境治理法治化，必须首先形成农村生态环境治理的法治理论，以指导当前形势下的治理实践。这需要对法治、法治化、农村生态环境治理等相关概念进行科学界定，需要厘清法治与法治化的关系、法治与其他治理方式的关系、法治与农村生态环境治理的关系，以及法治、农村生态环境治理与现代化的关系。在此基础上形成农村生态环境治理的法治理论。

#### 2. 构建农村生态环境治理法治化评价指标体系

法治既是一种治理理念，又是一种治理结果。由一种治理理念成为现实需要一个长期的过程，也需要一个基本的衡量标准和尺度。因此，需要按照科学性、系统性、结构性、动态性原则，构建科学的评价指标体系，对农村生态环境治理法治化进行量化研究。这一体系不仅能够衡量当前农村生态环境治理法治化水平，也能够按照体系标准的要求，不断提高农村生态环境法治能力，切实提升农村生态环境治理实效。

## （二）拟突破的难点

### 1. 获取翔实有效的文献资料

进行本研究，需要翔实有效的文献资料。本研究所需资料来自各个学科，需要查阅大量中外相关文献，并对其进行去伪存真、去粗取精；还需要克服各种困难，深入地域广阔、生态环境治理状况复杂的农村实地，获得珍贵的调研资料。

### 2. 探寻具有前瞻性和可操作性的法治化路径

进行本研究，需要针对问题给出具有前瞻性和可操作性的政策建议，为相关部门提供决策参考。这不仅需要高屋建瓴，还需面对广大农村发展水平不高、农村居民生态环保意识和法治意识较低等实际情况；不仅需要客观、准确地分析判断问题，还需要在复杂多变的实际情况中运筹帷幄。

## 四、创新与不足

## （一）创新点

在法治视阈下对我国农村生态环境治理进行研究的原因在于现代化进程中农村生态环境受到严重破坏。为使本书的研究更具理论深度和实际意义，本书在学习、借鉴已有研究的基础上，从研究角度和研究内容两方面进行了尝试性的创新思考，以期能够为后续研究抛砖引玉。

### 1. 研究视角创新

从法治的角度探索农村生态环境治理问题。在法治视阈下，政治、经济、文化、社会、生态协同推进，可有效避免农村生态环境遭到更为严重的破坏，并且最大程度地保护农村生态环境。

### 2. 研究内容创新

在法治视阈下，从定性研究和定量研究两方面对我国农村生态环境治理进行了创新思考。其一，对我国农村生态环境治理法治化理论进行了探索研究，这属于定性研究。其二，对法治视阈下我国农村生态环境治理评价指标体系进行了探索研究，这属于定量研究。定性与定量研究相结合，实现了研究内容的创新。

## （二）研究不足

无论是法治还是我国农村生态环境治理，都是需要不断完善和不断实践的过程，这意味着本书在很多地方还存在着不足。从理论方面来说，我国农村生态环境治理法治化理论还面临着各个方面的挑战，仍需不断创新与发展；从实践方面来说，我国农村生态环境治理法治化的推进并非一帆风顺。总之，由于各方面条件所限，本书对于我国农村生态环境法治理论的探究还不够深入，对于我国农村生态环境治理法治化路径的探索还不够完善。这些都需要更加深入、系统的后续研究。

# 第一章　法治与农村生态环境治理的关系

准确把握法治和农村生态环境治理的关系，是在法治视阈下进行农村生态环境治理研究的破题之点。科学界定法治、法治化、农村生态环境治理等相关概念及其相互关系，探求农村生态环境治理的理论源泉，明晰法治对农村生态环境治理的重要意义，是进行本书研究的基本前提。

## 第一节　核心概念

在法治视阈下研究农村生态环境治理，首先需要明晰几个核心概念：①法治及法治化；②治理；③农村生态环境治理。在概念确定的基础上，自然可厘清几对关系，如法治与其他治理方式的关系、法治与法治化的关系、法治与农村生态环境治理的关系，以及法治、农村生态环境治理与现代化的关系，从而增强对于这一问题的理解。在各种关系中，法治和农村生态环境治理的关系，是在法治视阈下进行农村生态环境治理研究的基本关系。

### 一、法治及法治化

什么是法治？在中西文化语境中，"法治"具有不同的表达方式，相应地具有不同的内涵。在我国，历史上法家反对"人治"，最早提出了"以法治国"的理念，表达了依靠法来治理国家的思想，产生了深远影响。在西方，早在古希腊古罗马时期，思想家亚里士多德就提出了著名的法治定理，"已成立的法律获得普遍的服从，而大家所服从的法律又应该本身是制定得良好的法律"①，提出法治不仅具有形式方面的规定性，还具有内容方面的规定性。法治实质上是推进国家及社会发展的一种方式，主要是通过法律手段解决国家社会问题，从而引起国家及社会的重大变革。

法治的内涵丰富，要全面准确把握其内涵，可以关注其相应的"参照物"，多角度定位。从"治"的限定语来看，"法治"一词可以与"人治"相对，意指通过固定的法的约束达到治理效能（"法治"），而不是通过人，尤其是领导人的主观思想或想法干预某种态势发展（"人治"）。人治是传统社会的主要治理方式，而法治则是现代化国家的主要治理方式。从"法治"本身的构成而言，法治可以包括法治思维和法治方式，前者是一种以法作为手段或工具来解决问题的惯性思维，后者是前者的具体践行。只有法治思维的强大驱动，才会有法治方式的广泛使用。因此，在全社会推行法治方式，必须先在全社会培育法治思维，弘扬法治精神。当然，还需注意一点，即法治的方式不能解决所有的社会问题，因为不是所有的社会问题都会转化为法律问题。而其他非法律问题需要发挥舆论引导、道德约束的重要作用，即"德治"。从这个角度而言，"法治"与"德治"可以互相补充，是现代国家治理方式中的重要两级。从如何推动社会发展的角度来看，法治与"革命"不同，前者是在法律框架内的社会的渐进式变革，后者是摒弃法律的社会的激进式突变。②因此，从政治学角度来看，法治可以被理解为政治活动的规范方式，构建法治国家、法治社会、法治政府是法治的政治目标。对于一个和平发展的国家来说，法治优于革命，是公众的最佳选择。

---

① 亚里士多德. 政治学 [M]，吴寿彭，译. 北京：商务印书馆，1965：199.
② 陈金钊. 法治思维和法治方式的意蕴 [J]. 法学论坛，2013.5：5-14.

什么是法治化？在中文语境下，"化"就是新事物从无到有产生的过程，即变化。《黄帝内经·素问·天元纪大论》有言："物生谓之化，物极谓之变。"在英文语境下，"化"是后缀"-ize"，意为"使变化""使成为"。综合中英文词根词义，法治化就是使国家和社会治理变化为法治。从变化的角度而言，主要指从人治变为法治的过程，也是从法治理念变为法治实践的过程。

## 二、治理

什么是治理？1989 年，世界银行首创"治理危机"一词，"治理"取代"统治"被广泛用于政治、经济、社会等领域。目前各界对于治理的理解很多①，一般的，治理可以被视为不同主体（包括政府、各种团体、个人等）为了一个共同目标，通过各种不同方式进行多向合作的过程。治理的特点是主体不限于政府、呈现出多元化特点；治理对象不限于一区一域或一国，可以因治理主体联合而超越地域或国界；治理方式不仅是法规命令，更加凸显了公民共识的重要作用。基于此，对于政府而言，"治理"相较"统治"而言意味着其统治更加公开透明、决策更加科学民主、运行更加高效有序。对于公民社会而言，"治理"意味着公民有权并有责任参与国家和社会管理过程，意味着管理决策更加符合民众期望和预期。对于政府和公民社会来说，治理意味着双方必须合作，通过各种平台或方式对共同的目标进行互动管理。

## 三、生态环境治理

理解什么是生态环境治理，需要首先理解什么是环境及生态环境。依据《中华人民共和国环境保护法》，"环境"可以视为各种天然及人工的自然因素的总体。对于人而言，环境是影响人类生存和

---

① 俞可平. 论国家治理现代化 [M]. 社会科学文献出版社，2014：17-24.

发展的自然因素的总体；对于农村而言，环境是影响农村生存和发展的自然因素的总体。各种自然因素之间存在着各种生态关系，各种生态关系组成的各种自然因素的总体就是"生态环境"。①在生态系统内，各种自然因素的总体实质上就是整个自然界。自然界是各种生态关系得以维系的基础，没有自然环境，就没有生物的存在。自然界是自然形成和人工改造的共同结果，其中人的实践活动对自然界具有极为重要的作用，因此自然界也是人化的自然界。人与自然的生态关系是导致生态环境发生变化的重要动因。如果人的实践活动违背了自然界运行规律、超出了自然界可以承受的范围，就会引起自然界也就是"生态环境"的不当变化（产生种种生态环境问题）。生态环境的不当变化（种种生态环境问题）不利于生态环境的发展、不利于人的生存和发展，就需要进行治理。因此，生态环境治理就是人尊重自然界运行规律、通过各种手段引导和约束好人自身的各种实践行为，借以达到人与自然和谐相处的过程。

## 第二节　农村生态环境治理的理论渊源

任何理论都不是无本之木，我国农村生态环境治理亦有其厚重深邃的理论渊源：既有我国本土文化的基因，也受到西方相关理论的启迪；既由经典马克思主义奠基，亦由中国化马克思主义引领；既与生态治理思想相关，也与法治理论密不可分。

---

① 王如松. 生态环境的内涵的回顾与思考 [J]. 科技术语研究，2005，7（2）：28-31.

### 一、生态治理思想

#### （一）我国传统文化中的改造自然思想

我国传统文化是中华民族生存和发展之魂，以兼容并蓄的特点形成了源远流长并延传至今的态势。在我国传统文化的大熔炉中，历史、哲学、文学不断发展，深刻体现了一种"人与自然和谐相处"的底蕴与精髓，也体现出人对自然的改造思想。这种改造思想实际上就是一种原初的生态环境治理思想。

1. 人具有改造自然的能力

在原始先民心中，自然界是神秘莫测的，但不能据此否认人具有改造自然的能力。这一思想在盘古开天辟地的传说中得到充分体现。原初的自然界本是一片混沌，按照自己的运行规律缓慢发展。盘古象征着具有超凡力量的人类始祖，由于在混沌的自然界中感到人性的压抑，盘古发出一声呐喊，合手足之力，将"混沌的大鸡蛋"一分为二。在混沌的自然界中，轻而清的东西上飘而演化为天，重而浊的东西则笼罩在天空之下，逐渐成为大地。为了防止天地合拢，也就是为了避免自然界中发生对人不利的问题，盘古可谓殚尽竭虑。盘古以头顶天，以脚踏地，随着自然界的变化而变化，随着天地的变化的变化。一万八千年之后，天足够高，地足够厚，"天去地九万里"[①]，自然界已经按照盘古的意愿（人的意愿），保持了自然界稳定发展的基本态势。作为人类的始祖，盘古用尽自己的一切，给人类带来了崭新的世界。这一传说充分反映了人类改造自然的需求与能力。

2. 人类改造自然是为了谋求自身更好地生存和发展

自然界虽然为人类的生存和发展提供了基本条件，但是对于人类而言，要想获得更好的生存与发展并不是一件容易的事。面对庞

---

① [唐]欧阳询. 艺文类聚 [M]. 汪绍楹，校. 上海：上海古籍出版社，1982：2.

大的自然力量，人类必须有足够的智慧与能力。神话"神农尝百草"就是人类为谋求自身发展而与自然界抗争的产物。此外，在自然界中生存，除了挨饿，人类还经常饱受寒冷的折磨，也因为食用生冷食物而生病、短命。因此，人类"取火"的神话也充分反映了人改造自然的初衷。除了吃饱穿暖，人类还要与自然灾害抗争。神话"涿鹿大战"就反映了人与自然灾害斗争的一面。《山海经·大荒北经》记录了蚩尤出兵讨伐黄帝，黄帝命令应龙迎战的场面。[①]蚩尤有一种法术，就是漫天迷雾。迷雾一出，黄帝的部队就晕头转向，大败而归。[②]涿鹿大战中的滔天大雾，无疑是今天雾霾的始祖。在黄帝手下，有一谋臣风后，是大雾的克星。风后施展法力，则狂风大作，大雾消散。又一说为风后发明指南车，黄帝在指南车的引导下，得以冲出大雾重围。[③]神话中借助狂风或者指南车抵御雾霾，实质上也是人类期望自身能够具有除霾之力。

3. 人类改造自然需要遵循自然规律

老子云"人法地，地法天，天法道，道法自然"[④]，表明了人遵从自然规律改造自然的意识。这一意识，也在神话故事中得到体现。比较典型的如"大禹治水"。禹继承父志，在天帝的支持下继续治水，一方面，他用息壤继续埋塞洪水，让大龟背息壤而行，使人类居住的土地加高；另一方面，又按自然之势，采取疏导的方法，让应龙用尾巴划地，使河水一直东流入海。[⑤]可见，人类改造自然必须遵从自然规律，不能超过度的限制。我国儒家、道家都强调天人合一，表明顺应天道、顺应自然的重要性。从孟子"万物皆备于

---

① 山海经 [M]. 方韬译注. 北京：中华书局，2009：266.

② [宋] 李昉，等. 太平御览 [M]. 北京：中华书局，1960：78.

③ [宋] 李昉，等. 太平御览 [M]. 北京：中华书局，1960：78.

④ 朱谦之. 老子校释 [M]. 北京：中华书局，2000：103.

⑤ [晋] 王嘉（撰），[梁] 萧绮（录）. 拾遗记 [M]. 齐治平，校注. 北京：中华书局，1981：37.

我矣"①，到董仲舒的"天人之际，合而为一"②，再到张载"儒者则因明致诚，因诚致明，故天人合一"③，儒家顺天承运的思想也得以体现。而道家的老子更是坚持"生之畜之，生而不有，为而不恃，长而不宰"④和"善贷且成"⑤的理念，彰显了在改造自然的过程中，要遵守自然的规律，让万物得以按照本身规律发展，"夫物芸芸，各归其根"⑥，这也是天人合一关系的最高境界。

尽管自然界神秘莫测，但是人具有改造自然的能力，更重要的是，人为了更好地生存和发展，必须运用自身的智慧和能力改造自然。但是，在改造自然的过程中，必须遵从自然规律，以彰显天人合一之道。如果在改造自然的过程中，不能遵从自然规律，超越了自然承受之度，则会出现各种灾难，如神话"伏羲女娲"中就描述了人类的放纵与骄横，也描述了天道对这种放纵行为的惩罚。违背自然本性与自然规律，"杞人忧天"中的担忧就会成为现实：杞人担心天地崩裂，自身无法立足，以至于整日寝食难安。面对杞人的担忧，普通人觉得他的想法非常可笑，认为天地根本不会崩裂，而有远见的人则认为这种担忧未必是虚妄的，如长庐子与子列子。在强大的自然力面前，人类是微不足道的，以至于人类无力控制生死，更无力控制自然，即"坏与不坏，吾何容心哉"⑦。古人对于人与自然关系的看法，在今天都显得极为重要。如果不能正确面对自然，"杞人忧天"就不再是一个不切实际的空想，而是高瞻远瞩的预言。保护自然，坚持人与自然和谐共生，不仅在于灾难的警示，更在于其对人类的生存和发展的重要意义。这些，我国先人们从来没有忽

---

① ［清］焦循. 孟子正义［M］. 沈文倬，点校. 北京：中华书局，1987：882.
② ［清］苏舆. 春秋繁露义证［M］. 钟哲，点校. 北京：中华书局，1992：288.
③ ［宋］张载. 张载集［M］. 章锡琛，点校. 北京：中华书局，1978：65.
④ 朱谦之. 老子校释［M］. 北京：中华书局，2000：41.
⑤ 朱谦之. 老子校释［M］. 北京：中华书局，2000：173.
⑥ 朱谦之. 老子校释［M］. 北京：中华书局，2000：65-66.
⑦ 杨伯峻. 列子集释［M］. 北京：中华书局，1979：33.

视，后人们也从未忘怀。

我国具有悠久的历史文化，蕴涵着人改造自然的朴素思想，实际上是生态环境治理思想的萌芽。实质上，这种萌芽思想既有对原始社会时期敬畏自然的反映，也有对农业社会时期顺应自然、改造自然、保护自然的反映。尽管由于各种因素的局限所致，这些思想都是朴素的、不成体系甚至是零散的，但是，我国传统文化中生态治理的萌芽思想具有极高的价值，应该为今日我国农村生态环境治理所借鉴并发扬光大。

### （二）马克思主义生态观

马克思主义是产自西方的理论，其诞生适逢西方资本主义工业文明开始发展、现代化进程中人对自然的征服初现弊端之时。作为对资本主义的伟大抨击者，马恩经典作家立足对资本主义制度的批判，对资本主义浪费自然资源、忽视代际公平、无视生态环境保护等种种弊端进行了旁敲侧击。这些批判，实质上也是马恩经典作家对人与自然关系深刻认识的产物。在《德意志意识形态》《1844 年经济学哲学手稿》《资本论》《关于费尔巴哈的提纲》以及《哲学的贫困》等著作中，马恩经典作家深刻论证了人与自然和谐统一的关系，阐明了保护自然界的重要意义。这也体现出生态环境治理的重要意义，成为我国农村生态环境治理的又一重要理论支撑。

### 1. 自然界是人生存和发展的母体

马克思主义认为，人是自然界的存在物。恩格斯在《自然辩证法》中描述道，自然界中的动物经过进化而发展为脊椎动物的形态，在这些脊椎动物中，出现了具有自己的意识的人。[1]自然界是人形成的母体，人是自然界的一部分。自然界在漫长的进化发展过程中，不仅形成了人这一生命体，还为人的生存和发展提供了各种所需的材料，堪称是人的"无机的身体"，即"人为了不致死亡而必须与之

---

① 恩格斯. 自然辩证法 [M]. 北京：人民出版社，1984：17.

处于持续不断的交互作用过程的、人的身体"①。首先，在物质生活方面，自然界是人的物质生活的无机界，能够为人类的生产生活提供各种资源，包括食物资源、燃料资源、服装资源以及住房资源，也包括生产书籍、音像、电子产品等所需资源。其次，在精神生活方面，自然界也同时是人的精神生活的无机界。自然界的一切，包括光、空气、动物、植物等，"都是人的意识的一部分"②，人会对自然界的一切进行事先加工，打上自己的主观烙印，使之成为自己精神世界的组成部分。因此，没有自然界这一母体，就没有人类的形成，也就不会有人的生存与发展。

2. 自然界是与人的实践活动密切相关的对象性世界

马克思主义认为，自然界不仅是一个围绕着人的周围世界，更是一个与人的实践活动密切相关的对象性世界。一方面，人为了生存，需要与自然界不断进行交互作用，这种交互作用就是进行物质交换的实践的过程。人的生存和发展都不能离开自然，自然界是人"需要的对象"，并且是人表现其本质的"不可缺少的、重要的对象"。③因此，人需要正确发挥主观能动性，满怀激情和热情地改造和利用自然，以此表达自身"强烈追求自己的对象的本质力量"④。但是，这种利用和改造不能违背自然规律，因为自然界"是作为不依赖于他的对象而存在于他之外的"⑤，人必须在自然规律的制约和限制下进行活动，即人是受动的、受制约的和受限制的存在物⑥。另一方面，在人与自然界的物质交换过程中，自然界既为人类提供必需品，也为人类获取生存发展的材料而提供工具。⑦为了更好地

---

① 马克思恩格斯文集：第 1 卷 [M]. 北京：人民出版社，2009：161.
② 马克思恩格斯全集：第 42 卷 [M]. 北京：人民出版社，1979：95.
③ 马克思恩格斯全集：第 42 卷 [M]. 北京：人民出版社，1979：167-168.
④ 马克思恩格斯全集：第 42 卷 [M]. 北京：人民出版社，1979：169.
⑤ 马克思恩格斯全集：第 42 卷 [M]. 北京：人民出版社，1979：167.
⑥ 马克思恩格斯全集：第 42 卷 [M]. 北京：人民出版社，1979：167.
⑦ 马克思恩格斯全集：第 42 卷 [M]. 北京：人民出版社，1979：95.

与自然界进行物质交换,人类不断发展科学技术,不断提高改造自然的能力。从实践的角度讲,人类的实践既可能破坏自然,也能治理和保护自然。在依托工具改造自然的过程中,尊重自然规律的实践活动,就是一种积极的治理。反之,就是破坏。

3. 处理好人与自然的关系,是真正的以人为本

马克思主义认为,处理好人与自然的关系是人的本质要求。人不仅仅是自然的存在物,还是人的自然存在物,即"类存在物"①,因为"人的本质不是单个人所固有的抽象物,在其现实性上,它是一切社会关系的总和"②,并且,"只有在社会中,人的自然的存在对他说来才是他的人的存在,而自然界对他说来才成为人"③。可见,人不仅要有物质追求,更要有精神和意义追求,不能只考虑个人利益,还要考虑全体人的利益。在人类历史上,每个个体都要处理好人与人之间的关系,实现社会和谐;而社会和谐的前提就是人与自然的生态和谐。正是立足于人之为人的真正意义,马克思主义经典作家的理论深刻昭示着人与自然和谐共生的生态理念。只有真正做到以人为本,才能避免人成为物质和金钱的奴隶,才能避免把改造自然作为谋求物质收益的手段和渠道,才能避免人为物所役。只有人从自身设置的禁锢中解放出来,才能避免人自身的异化,最终实现人的全面解放和全面发展,即"人以一种全面的方式,也就是说,作为一个完整的人,占有自己的全面的本质"④,最终实现人与自然的和解,实现人与人、人与社会的和解。

总之,马克思主义经典作家在诸多著作中论述了人与自然之间的关系,充分体现了其提倡人与自然和谐发展的思想精华。农村生态环境治理的核心问题是在现代化过程中处理好人与自然的关系,

---

① 马克思恩格斯全集:第 42 卷 [M]. 北京:人民出版社,1979:169.
② 马克思恩格斯选集:第 1 卷 [M]. 北京:人民出版社,1995:56.
③ 马克思恩格斯全集:第 42 卷 [M]. 北京:人民出版社,1979:122.
④ 马克思恩格斯文集:第 1 卷 [M]. 北京:人民出版社,2009:189.

在经济发展的过程中保护好生态环境。马克思主义理论中蕴含的生态观，为农村生态环境治理提供了重要的理论指导，昭示我们在农村生态环境治理的实践中，必须牢固树立人与自然和谐共生的发展观念，注重现代化发展中的生态因素，按照自然界的发展规律去发展经济，按照整个生态系统的运动规律去治理和改造自然。

### （三）中国共产党生态文明建设理念

作为马克思主义政党，中国共产党对马克思主义生态思想进行了继承、开创和发展，实现了马克思主义生态观的中国化。更为重要的是，作为中国的执政者，中国共产党在带领中国人民进行现代化建设过程中，兼容并蓄、汲古融今，逐渐形成了生态文明建设的基本理念，这些理念对于我国农村生态环境治理理论极具指导意义。

1. 形成人与自然和谐相处的现代化格局

随着现代化进程中生态环境问题的愈演愈烈及其不断向全球蔓延，中国共产党开始在国家层面关注生态文明建设，深入思考现代化建设协调发展问题。2007 年，十七大首次将"建设生态文明"写入大会报告，指出要围绕节约资源和保护环境，从产业结构、经济增长方式、消费模式几个方面建设生态文明。①2012 年，中国共产党召开十八大，将生态文明建设与现代化建设紧密联系起来。十八大报告提出，要"全面落实经济建设、政治建设、文化建设、社会建设、生态文明建设五位一体总体布局，促进现代化建设各方面相协调"，同时，还要"加快建立生态文明制度，健全国土空间开发、资源节约、生态环境保护的体制机制，推动形成人与自然和谐发展现代化建设新格局"。②人与自然和谐发展的现代化建设新格局，事实上就是基于人与自然和谐发展的立场，立足于生态文明的高度，

---

① 胡锦涛. 高举中国特色社会主义伟大旗帜，为夺取全面建设小康社会新胜利而奋斗 [M]. 北京：人民出版社，2007：20.

② 胡锦涛. 坚定不移沿着中国特色社会主义道路前进为全面建成小康社会而奋斗——在中国共产党第十八次全国代表大会上的报告 [N]. 人民日报，2012-11-18（001）.

在现代化过程中保护生态环境,致力于推动经济、政治、文化、社会与生态协同发展。生态文明是人类文明的最高阶段。形成人与自然和谐发展的现代化格局,是走向生态文明新时代的阶段性目标。

2. 坚持节约资源和保护环境的基本国策

节约资源是现代化的必然要求。毛泽东曾经指出,进行社会主义现代化建设,必须解决好大规模建设与穷国的矛盾,而"全面地持久地厉行节约,就是解决这个矛盾的一个方法"①。厉行节约,反对浪费,既是中华民族的传统美德,也是由现代化建设的实际决定的。亦如邓小平所言,我国要实现四个现代化,必须注意两个重要特点:"一个是底子薄……第二条是人口多,耕地少……这就成为中国现代化建设必须考虑的特点。"②底子薄,概括了我国建设现代化的薄弱基础;人多耕地少,则反映出我国资源的极度紧缺。可以说,在现代化建设过程中,我国没有任何可以浪费的资本。人口多、人均资源少、环境污染严重成为在现代化过程中必须考虑的问题。唯有节约资源,才能提高资源利用率,保证完成现代化任务。为此,中国共产党十八大报告指出,要"全面促进资源节约"③,在现代化过程中积极扭转水、土、能源、矿产等粗放利用状况,形成集约利用方式。

保护环境是现代化建设的基本原则。走上现代化道路伊始,中国共产党领导人已经意识到环境保护是现代化建设必须遵循的原则。针对"大跃进"后的工业污染问题,周恩来指出,环境公害是全球性问题,不仅资本主义国家有,社会主义国家也会有。社会主义要讲综合利用,废物利用,变有害为有利。④1972 年,联合国第

---

① 毛泽东文集: 第七卷 [M]. 北京: 人民出版社, 1999: 239.

② 邓小平文选: 第二卷 [M]. 北京: 人民出版社, 1994: 163-164.

③ 胡锦涛. 坚定不移沿着中国特色社会主义道路前进为全面建成小康社会而奋斗——在中国共产党第十八次全国代表大会上的报告 [N]. 人民日报, 2012-11-18 (001).

④ 刘东. 周恩来关于环境保护的论述与实践 [M]. 北京党史研究, 1996 (3): 28-30.

一次人类环境会议召开，中国共产党决定"要通过这次会议了解世界环境状况和各国环境问题对经济、社会发展的重大影响，并以此作为镜子，认识中国的环境问题"①。1979 年，《中华人民共和国环境保护法（试行）》出台，环境保护纳入法治轨道。在现代化发展过程中，中国共产党人愈加认识到环境保护对现代化建设的重要性。江泽民于 1996 年第四次全国环境保护会议中指出："必须认识到，保护环境的实质就是保护生产力，这方面的工作要继续加强。"②进入 21 世纪，习近平进一步强调指出："要正确处理好经济发展同生态环境保护的关系，牢固树立保护生态环境就是保护生产力、改善生态环境就是发展生产力的理念"③，因为"绿水青山就是金山银山"④，所以，在现代化建设过程中，必须做到"既要绿水青山，也要金山银山。宁要绿水青山，不要金山银山"⑤。保护生态环境，就是保护人和社会持续发展的根本基础。

3. 要建立健全生态文明制度

在经济发展过程中，制度非常重要。中国共产党人在现代化过程中，逐渐认识到制度的重要作用。毛泽东认为制度能够带来超越物质的能量，"物质力量多少不完全决定问题，人是主要的，制度是主要的"⑥。面对现代化建设中出现的更多问题，邓小平认识到，要"从制度上保证党和国家政治生活的民主化、经济管理的民主化、整个社会生活的民主化，促进现代化建设事业的顺利发展"⑦。出于对制度作用的重视，中国共产党重视生态文明制度建设。邓小平

① 刘东. 周恩来关于环境保护的论述与实践 [M]. 北京党史研究，1996（3）：28-30.
② 江泽民文选：第一卷 [M]. 北京：人民出版社，2006：534.
③ 习近平总书记系列讲话精神学习读本 [M]. 北京：中共中央党校出版社，2013：123.
④ 习近平总书记系列讲话精神学习读本 [M]. 北京：中共中央党校出版社，2013：120.
⑤ 习近平总书记系列讲话精神学习读本 [M]. 北京：中共中央党校出版社，2013：120.
⑥ 毛泽东文集：第七卷 [M]. 北京：人民出版社，1999：323.
⑦ 邓小平文选：第二卷 [M]. 北京：人民出版社，1994：336.

提出要制定森林法、草原法以及环境保护法①，江泽民指出"人口、资源、环境几方面工作要切实纳入法治的轨道"②。在十八大上，胡锦涛指出，"要加快建立生态文明制度，健全国土空间开发、资源节约、生态环境保护的体制机制，推动形成人与自然和谐发展现代化建设新格局"③。重视生态文明制度建设，才能解决现代化建设中出现的种种问题，有力保障人与自然和谐发展的现代化格局的形成。中国共产党的生态文明的理念为我国农村生态治理指明了现代化方向。

## 二、法治思想

对农村生态环境进行治理，不仅要重视中西文化中的生态治理思想，还要重视中西文化中的法治思想。

### （一）我国传统文化中的法治基因

我国的封建社会延续了几千年，尽管没有形成专业的法学家，也未形成系统的法治思想，但传统文化中已经具有了一些法治基因。尤其是法家思想，尽管其提出者不是现代意义的法学家，其思想也与今天法的思想不同，但是回溯历史，一些关于法的认知依然值得关注。

#### 1. 法者国之权衡

法家认为法对一个国家非常重要。法家认为，治国需要三"器"，分别是法、信、权。法排在第一位，"是君臣之所共操也""释法任私必乱"④。"法者国之权衡也"①，治国不能"释权衡而断轻重"②，

---

① 邓小平文选：第二卷 [M]. 北京：人民出版社，1994：146-147.
② 江泽民文选：第三卷 [M]. 北京：人民出版社，2006：468.
③ 胡锦涛. 坚定不移沿着中国特色社会主义道路前进为全面建成小康社会而奋斗——在中国共产党第十八次全国代表大会上的报告 [N]. 人民日报，2012-11-18（001）.
④ 商鞅，等. 商君书·修权 [M]. 章诗同，注. 上海：上海人民出版社，1974：45.

需要将法作为治国之重要准则。与儒家主要依靠礼治不同，法家大力提倡以法为准绳来治理国家。在君权一统天下的封建等级制社会，法，就是君主的旨意。法就是"民之命也，为治之本也"③。一个国家，如果没有法，则"犹欲无饥而去食也，欲无寒而去衣也，欲东而西行也"④。明君治国，要听取符合法律的言语，推崇符合法律的行动，做符合法律的事情，以达到"国治而地广，兵强而主尊"⑤。明君将法作为国之权衡，才是"治之至也"⑥。作为封建等级社会的治理工具，君主重视法律是为了保障君主的权力，维护封建统治阶级的权益，无疑具有阶级性。但对现代社会来讲，以法作为治国权衡这一观念依然是非常重要的。

2. 缘法而治

法家认为，明君不仅要树立"法者国之权衡"的治国理念，还要实现缘法而治。为实现法治，首先，要制定法律，且"宪律制度必法道，号令必著明，赏罚必信密，此正民之经也"⑦，这样才能使法具有威慑力。其次，要将法律编纂成册，由官府发布于天下，用以统治黎民百姓。法官和天下吏民都知晓法律，那么"吏不敢以非法遇民，民不敢犯法以干法官也"⑧。再次，在实施法律的过程中要做到"缘法而治，按功而赏"⑨。通过缘法而治，则"军士死

---

① 陈启天. 商君书校释·修权 [M]. 商务印书馆，1935：92. "故法者国之权衡也"，一句各本俱无。此书按《治要》补，见陈启天《商君书校释·修权》，北京：商务印书馆，93页。

② 商鞅，等. 商君书·修权 [M]. 章诗同，注. 上海：上海人民出版社，1974：46.

③ 商鞅，等. 商君书·定分 [M]. 章诗同，注. 上海：上海人民出版社，1974：82.

④ 商鞅，等. 商君书·定分 [M]. 章诗同，注. 上海：上海人民出版社，1974：82.

⑤ 商鞅，等. 商君书·君臣 [M]. 章诗同，注. 上海：上海人民出版社，1974：74.

⑥ 商鞅，等. 商君书·君臣 [M]. 章诗同，注. 上海：上海人民出版社，1974：74.

⑦ 管子·法法 [M]. 戴望，校正. 北京：商务印书馆（影印发行），1912：73.

⑧ 商鞅，等. 商君书·定分 [M]. 章诗同，注. 上海：上海人民出版社，1974：82.

⑨ 商鞅，等. 商君书·君臣 [M]. 章诗同，注. 上海：上海人民出版社，1974：73.

节，而农民不偷也"①，"任法而治矣"②。缘法而治不仅涉及循道立法、严格执法，也涉及通过法律的威慑使"万民皆知所避就，避祸就福，而皆以自治也"③，从而达到全民守法的效果。这些都是值得培养壮大的思想萌芽。

### （二）西方法治思想

西方法治思想最早起源于古希腊。从柏拉图的《论政治家》《论法律》，到亚里士多德的《政治学》，古希腊法治思想得到了较为系统的论述。古希腊法治思想传至古罗马后，西塞罗在《国家篇 法律篇》中论述了法律及其与国家和执政者的关系。在近代西方，荷兰的斯宾诺莎，英国的洛克、哈林顿，德国的康德等都提出了诸多重要思想。时至现当代，西方的法治思想更是体系庞大，内容丰富。从年代上来说，一些法治观点尽管历时久远，至今依然重要；从内容上来说，尽管各种观点异彩纷呈，但总有共性贯穿其中。对于农村生态环境治理理论而言，这些历久弥新、有价值、有共性的观点值得关注。

### 1. 制定良法

法治需要制定良法的观点源于古希腊先贤亚里士多德。亚里士多德认为，法治意味着已经成立的法律"获得普遍的服从"，并且普遍服从的法律是"制定得良好"的法律。④所谓良法，就是合乎正义的法律，就是"符合正宗政体所制定的法律"⑤。按照亚里士多德的观点，能够维护全邦共同利益的政体就是正宗政体。那么，正宗政体制定出来的法律应该能代表全邦的共同利益，就是"制定得良好"的法律。亚里士多德的法治观以代表公意的"良法"为基点，

---

① 商鞅，等. 商君书·君臣 [M]. 章诗同，注. 上海：上海人民出版社，1974：73.
② 商鞅，等. 商君书·慎法 [M]. 章诗同，注. 上海：上海人民出版社，1974：78.
③ 商鞅，等. 商君书·定分 [M]. 章诗同，注. 上海：上海人民出版社，1974：83.
④ 亚里士多德. 政治学 [M]. 吴寿彭，译. 北京：商务印书馆，1965：199.
⑤ 亚里士多德. 政治学 [M]. 吴寿彭，译. 北京：商务印书馆，1965：148.

成为西方法治观的一大渊源，被后世西方法治观继承。在近代，洛克为"良法"发出呼声："法律除了人民的福利这一最终目的之外，不应再有其他目的。""公众利益是检验全部立法的规则和尺度"①。斯宾诺莎认为，"一个民治的国家，其法律制定必须是经过全民的同意"②。哈林顿提出，"法律是由全体平民制定的，目的只是保护每一个平民的自由"③。以坚持正义说的罗尔斯为代表，他认为，形式正义在适用于法律制度时就成为法治。④实际上，即使是为了保证形式正义而执行的法律，其本身也是人制定的，必然与人的价值观有关，那么必然也会分为良法和恶法。只有良法才会得到人民的普遍认可和遵守，才会产生法治。因此，制定良法依然是法治的基本前提。时至现代，美国的昂格尔进一步提出，法律应该按照"每个人根据自己的切身利益都有理由同意的程序"⑤制定，并且"每个人都应在某种程度上参与立法进程"⑥。这种西方现代法治观也表明了对亚里士多德"制定良法"的历史延续。

2. 依法执政

依法执政是西方法治观的重要内容。古希腊的柏拉图认为，执政者是法律公仆，是法律支配权力而非权力支配法律。执政者应以服务得好为荣，而非统治得好。执政者要服务得好，则首先要服务于法律。⑦亚里士多德认为，"法律应在任何方面受到尊重而保持无上的权威"⑧，执政者应时刻维持法律威信，不能侵犯法律。执政

---

① 洛克. 论宗教宽容 [M]. 吴云贵，译. 北京：商务印书馆，1928：25.

② 斯宾诺莎. 神学政治论 [M]. 温锡增，译. 北京：商务印书馆，1982：83.

③ 哈林顿. 大洋国 [M]. 何新，译. 北京：商务印书馆，1983：21.

④ 罗尔斯. 正义论 [M]. 何怀宏，等，译. 北京：中国社会科学出版社，1988：225.

⑤ 昂格尔. 现代社会中的法律 [M]. 吴玉章，译. 北京：中国政法大学出版社，1994：166.

⑥ 昂格尔. 现代社会中的法律 [M]. 吴玉章，译. 北京：中国政法大学出版社，1994：166.

⑦ 柏拉图全集：第四卷 [M]. 王晓明，译. 北京：人民出版社，2003：89.

⑧ 亚里士多德. 政治学 [M]. 吴寿彭，译. 北京：商务印书馆，1965：192.

者的权力只能作为法律的补充，"只应在法律所不及的时候，方才应用它来发号施令"①。受古希腊法治观影响，古罗马的西塞罗对于行政者依法执政持相同观点，他认为，官吏必须依托法律来治理人民。而官吏之所以能治理人民，是因为法律治理着官吏。②近代的克林顿认为理想的王国就是法律的王国，就是拥有良法的王国，并且以法律为最高权威，最高治权归属于人民。执政者必须依托人民制定的良法执政。英国现代著名法学家戴雪论述了"巴力门主权"和"法律主治"的关系，认为二者是兼容的，"巴力门的主权运行所至，必归于法律主治"③，即巴力门主权需以法律精神运用。英国宪法学家詹宁斯认为，"法治原则不仅仅是公民的准则，而且成了统治者所需遵循的准则"④。现当代西方社会，对于法治的权威、执政者依法执政的论述更是从未间断。依法执政背后，是法律面前人人平等的思想。法律不仅仅是约束普通公民的准则，也是执政者必须遵从的执政律令。

## （三）社会主义法治思想

为建设社会主义法治国家，中国共产党带领中国人民进行了不懈探索。1978 年，党的十一届三中全会提出了发展社会主义民主、健全社会主义法制的重大方针。1997 年，十五大把建设社会主义法治国家确定为社会主义现代化建设的重要目标。在推进中国特色社会主义事业的实践过程中，社会主义法治思想不断丰富与发展。

### 1. 法治体现人民意志

马克思主义认为，法是具有阶级性的，反映的是阶级的意志。⑤中国共产党是以马克思主义为指导思想的无产阶级先锋队，党的性

① 亚里士多德. 政治学 [M]. 吴寿彭，译. 北京：商务印书馆，1965：147.

② 西塞罗. 国家篇 法律篇 [M]. 沈叔平，苏力，译. 北京：商务印书馆，1999：34.

③ 戴雪. 英宪精义 [M]. 雷宾南，译. 北京：中国法制出版社，2001：244.

④ 詹宁斯. 法与宪法 [M]. 龚祥瑞，等，译. 北京：生活·读书·新知三联书店，1997：32.

⑤ 马克思恩格斯全集：第 1 卷 [M]. 北京：人民出版社，1995：289.

质决定了它必须把广大人民的根本利益放在至高无上的地位，把为绝大多数人服务而不是为少数人谋取私利作为衡量自己一切言行的最高准绳。中国共产党自成立以来，始终执着地坚持一切为了人民。在革命战争年代，毛泽东强调：共产党人是为民族和广大人民群众的利益，而不是为少数人或狭隘集团的私利而战斗的。共产党人区别于其他任何政党的一个显著标志，"就是和最广大的人民群众取得最密切的联系。全心全意地为人民服务，一刻也不脱离群众；一切从人民的利益出发，而不是从个人或小集团的利益出发；向人民负责和向党的领导机关负责的一致性；这就是我们的出发点"①。在社会主义建设和改革开放时期，邓小平把共产党员的含义或任务，简洁地概括为："全心全意为人民服务，一切以人民利益作为每个党员的最高准绳。"②江泽民同志同样强调："我们党是工人阶级的先锋队，代表工人阶级和最广大人民群众的根本利益，除了工人阶级和人民群众的根本利益以外，没有自己的任何私利。"③也就是说，无论形势和任务发生什么变化，党的工人阶级先锋队的性质永远不变，全心全意为人民服务的宗旨永远不变。作为马克思主义政党，中国共产党代表着中国最广大人民的根本利益，坚持社会主义法治体现人民意志，坚持全心全意为人民服务。

2. 坚持党的领导、依法治国和人民当家作主相统一

社会主义法治坚持党的领导、依法治国和人民当家作主相统一。毛泽东曾经指出，要废除多头部署的制度，"代之以有领导的、统一的和适合情况的制度和办法"④。有领导的、统一的，强调的是中国共产党的集中领导。依法治国是中国共产党治国理政的基本方式，坚持党的领导是依法治国和人民当家作主的政治保证。中国共产党

① 毛泽东选集：第三卷 [M]. 北京：人民出版社，1991：1094-1095.
② 邓小平文选：第一卷 [M]. 北京：人民出版社，1994：257.
③ 毛泽东邓小平江泽民论党的建设 [M]. 北京：中央文献出版社，1998：539.
④ 毛泽东文集：第六卷 [M]. 北京：人民出版社，1999：272.

代表着最广大人民的根本利益，坚持党的领导就是坚持人民当家作主。社会主义法治必须坚持党的领导，党的领导必须依靠社会主义法治。只有坚持党的领导、依法治国和人民当家作主相统一，才能做到"统一认识，统一政策，统一计划，统一指挥，统一行动"①。社会主义法治实现三者的统一，才能保证党领导人民科学立法、民主立法、依法立法，保证法的公意性；实现三者有机统一，才能保证党科学执政、民主执政、依法执政，巩固党的执政地位；实现三者有机统一，才能保障人民的生存权和发展权，符合人民意愿、得到民众支持，保证人民当家作主。

3. 坚持实事求是原则

实事求是是马克思主义的精髓，是中国共产党的思想路线，也是社会主义法治的基本原则。中国共产党要领导人民根据客观实际情况，实事求是地制定各种法律法规；要注重法律法规的客观效果，根据实际情况"保存现有规章制度中的合理部分，修改或者废除其中的不合理部分，并且拟定一些新的适合需要的规章制度"②。还要避免对他国制度照抄照搬，要与本国实际结合起来，进行创新。③只有使制度符合实际情况，才能得到人民群众的支持，即"正确的领导按客观情况办事，符合实际，群众欢迎"④。而不按客观情况办事，脱离实际的情况，则是非正确的领导，制定出的制度也一定没有实效，得不到人民群众的支持。为保证实事求是原则，建立健全制度时要注意加强责任制⑤，"要有群众监督制度，让群众和党员监督干部，特别是领导干部"⑥。

---

① 毛泽东文集：第八卷 [M]. 北京：人民出版社，1999：294.
② 毛泽东文集：第七卷 [M]. 北京：人民出版社，1999：354.
③ 毛泽东文集：第七卷 [M]. 北京：人民出版社，1999：366.
④ 毛泽东文集：第七卷 [M]. 北京：人民出版社，1999：262.
⑤ 邓小平文选：第二卷 [M]. 北京：人民出版社，1994：150.
⑥ 邓小平文选：第二卷 [M]. 北京：人民出版社，1994：332.

### 4. 加强生态文明法治建设

新世纪新阶段，为了更好地推进生态文明建设，中国共产党坚持以人为本，不断推进实践创新、理论创新、制度创新，并在实践中不断推进生态文明法治进程。习近平总书记指出："只有实行最严格的制度、最严密的法治，才能为生态文明建设提供可靠保障。"①实行最严格的制度，就是要构建并实施完整的生态文明制度体系；实行最严密的法治，就是要构建并运行系统的生态文明法治之网。在生态文明建设的进程中，二者互相影响、不可分割。实行最严格的制度和最严密的法治能够为生态文明建设提供最可靠保障，包括为根治生态环境问题提供最可靠保障、为增强人民福祉提供最可靠保障两大方面。生态文明法律制度的建立和健全"要本着于法周延、于事简便的原则，注重实体性规范和保障性规范的结合和配套，确保针对性、操作性、指导性强"②。要立足实事求是原则，建立健全周密严谨全面的法律制度，增强制度的指导性；要在实践中，建立健全可操作、不繁琐的规章制度，增强制度的适用性。

## 第三节　法治对农村生态环境治理的重要意义

在现代化进程中，法治成为我国治国理政的基本方略，农村生态环境治理成为我国持续发展的重要议题。法治和农村生态环境治理相互影响，相互促进，统一于现代化进程之中。这是二者在一般意义上的关系。对于农村生态环境治理而言，二者之间的关系，彰显的是法治对农村生态环境治理的重要意义。重视法治在农村生态

---

① 中共中央宣传部. 习近平总书记系列重要讲话读本 [M]. 北京：学习出版社、人民出版社，2014：129.

② 习近平在党的群众路线教育实践活动工作会议上的讲话 [J]，党建，2013（7）：4-5.

环境治理中的重要作用，加快推进农村生态环境治理的法治进程，不仅符合农村生态环境治理的理论需求，更映照出农村生态环境治理的现实意义。

## 一、法治有利于治理主体协同行动

不同于单向度的管理，治理强调多元主体参与及其相互协同行动。这就意味着，农村生态环境治理不应该仅由政府自上而下推进，而应该由政府、企业、农村居民、各种民间环保组织等相关利益主体各尽所能、各尽其责、协同行动。

法治能够整合不同群体的利益，促使农村生态环境治理主体为了共同的环境利益采取一致行动。对于人而言，生态环境能为之提供各种生产生活资源，也能为之提供生态系统服务。可见，拥有良好的生态环境是一种包括资源性环境利益和生态性环境利益在内的公共的环境利益。法律赋予公民享有资源性环境权利和生态性环境权利[①]，有利于治理主体的生存和发展，有利于治理主体保持协同行动。同时，法律还赋予公民环境知情权、环境监督权，以保障实体性环境权利落实到位。这也有助于相关社会主体切实履行生态环境保护职能和义务，为提升农村生态环境治理实效筑牢基础。

## 二、法治有利于根除农村生态环境问题的产生之源

农村生态环境问题十分复杂，需要由表入深进行治理。所谓表层治理，就是对生态环境问题本身的治理，或者是停留在技术层面的治理；而深层治理，则是指对人的行为的治理。如果不能将表层治理同深层治理协同起来，将会导致各种类型、各种形式的生态环境问题不断积累，成为顽疾。

---

① 史玉成. 环境利益、环境权利与环境权力的分层建构——基于法益分析方法的思考[J]. 法商研究，2013（5）：47-57.

法治不仅能够保障人的公共环境利益，还能对人的行为进行最强有力的约束，从而使农村生态环境治理达到标本兼治。在农村生态环境治理过程中，为了实现经济发展与环境保护双赢、实现人与自然和谐相处，法可以对人的各种行为做出相应规范：生产者在生产过程中，必须对非再生资源的使用进行储量更新或者替代，对可再生资源的使用以其再生能力为限，对废弃物的排放以环境自净能力为限；消费者在消费过程中，必须做到节约资源，承认"某种生活风格造成的总体环境一向具有'可变的上限'"①，以减少生活消费对环境的破坏；政府在环境事务的管理过程中，必须坚持公平正义，坚持服务全局，以谋求公共环境利益为目的。通过法律这种具有高度强制性的行为规范去实现对"社会成员行动的预期"②，必然有助于实现多领域、多层次、多方面协同治理，从而达到标本兼治。

### 三、法治有利于发挥多种治理手段效能

农村生态环境问题存在复杂性和整体性，需要运用多种治理手段。法治能够彰显法的权威，有利于充分发挥多种治理手段之效能。首先，在法治视阈下，各种治理手段的运行具有科学性和长期稳定性。例如，对于已经出台的各种规章制度和经济决策，如果缺乏法治思维和方式，可能会出现领导人个人意志高于规章制度的现象，这将导致一些不当治理手段长期运行，或者导致一些有效的治理手段不能长期稳定地发挥作用。而在法治框架下，政府必须依据宪法和法律制定各种环境决策、依法管理环境公共事务、依法处理环境纠纷。这就避免了治理思路和治理手段"因领导人的改变而改变"③，

---

① 阿瑟·摩尔，戴维·索南菲尔德. 世界范围的生态现代化——观点和关键争论[M]. 张鲲，译. 北京：商务印书馆，2011：78.

② 丹尼尔·W. 布罗姆利. 经济利益与经济制度：公共政策的理论基础[M]. 陈郁，郭宇峰，汪春，译. 上海：格致出版社/上海人民出版社，201：58.

③ 邓小平文选：第二卷[M] 北京：人民出版社，1994：146.

因而能够及时剔除一些不当的治理举措，并使一些科学合理的治理方式在法的保障下具有长期稳定性，从而切实保障公共环境利益。其次，在法治视阈下，法治与德治能够很好地结合起来。法律是成文的道德，道德是内心的法律，德与法都是农村生态环境治理的必要手段。在农村生态环境治理过程中不断彰显法的权威，能够将外在的法律制度内化于心，使治理主体做到懂法、知法，依法自觉履行环境保护义务，实现法治和德治的结合。

# 第四节　法治视阈下农村生态环境治理的理论框架

掌握法治与农村生态环境治理的关系，旨在通过厘清农村生态环境治理的理论渊源，明确法治对于农村生态环境治理的重要意义，在此基础上搭建出法治视阈下农村生态环境治理的理论框架，以指导当前的农村生态环境治理实践。

## 一、农村生态环境治理理论的特点

理论不能离开现实而孤立生长，应立足实际，农村生态环境治理理论应该具有自身的特点。

### （一）农村生态环境治理理论要解决的是中国的农村生态环境问题，应该立足中国国情

西方发达国家的生产力发展水平和科技发展水平较高，国民法治素养和生态环境保护意识水平也比较高，而中国当前正处于社会主义初级阶段，生产力不发达，人均收入低，教育水平不高，农村生态环境保护意识和法治素养明显低于一些发达国家。这不仅不利于本国的农村生态环境保护，对推进农村生态环境治理也有所阻碍。因此，农村生态环境治理理论不同于他国的生态环境治理理论。

（二）农村生态环境治理理论基于农村的生态环境治理，应立足农村实际

我国地域辽阔，农村与城市双足鼎立。尽管生态环境问题是全球性危机，并非某一个国家的问题，更非农村或城市的独有问题，但是有地域针对性地解决问题却是必需的。我国农村的发展水平、居民构成、产业结构、资源禀赋、地理特征与城市不同，农村生态环境治理不同于城市生态环境治理。

（三）农村生态环境问题是在现代化过程中产生的，应该立足现代化实际

当前，世界总体处于工业文明时代，现代化的核心和基础是工业化，我国农村现代化长期以来亦是一个总体趋于工业化的过程。农村生态环境治理应该将生态理念融入到现代化建设的各个领域之中，协同推进政治、经济、文化、社会和生态的现代化。

二、农村生态环境治理理论框架

基于我国农村生态环境治理的核心概念及理论渊源，在法治视阈下，我国农村生态环境治理理论应该具有如下框架。

（一）一个中心点：保护生态环境

人与自然界的关系是生态环境中最重要的生态关系。保护生态环境，促进人与自然和谐相处，是我国农村生态环境治理的核心理念。

1. 自然界对人的生存和发展具有不可或缺的作用，必须保护好生态环境

自然界是人的物质生活的无机界，能够为人提供各种物质资源和能源，包括各种矿产资源、生物资源、水资源、森林资源、大气资源等。无论是不可再生资源还是可再生资源，都离不开自然界的赐予。另一方面，自然界也是人的精神生活的无机界，能够为人类提供宝贵的精神财富。自然界的神奇造化、博大胸怀、生生不息、

自我净化及自我调适的能力为人类进行生产、生活实践不断提供新的思路与启示。概而言之，尊重自然、保护自然有利于人类福祉的提升。反之，将会给人类带来种种不良后果。从自然界对人的重要意义出发，我国农村生态环境治理的中心就是保护生态环境，促进人与自然和谐发展。

2. 人的实践活动对自然界会产生巨大的影响，人类在实践过程中必须保护好生态环境

自然界是围绕着人的周围世界，更是一个与人的实践活动密切相关的对象性世界。自然界虽然为人的实践提供了基本条件，但对于人类而言，要想更好地进行实践并不是一件容易的事。在面对强大的自然力量时，人类必须不断提升改造自然和利用自然的能力。例如，为了实现便利的交通运输，需要逢山开道、遇水搭桥；为了提高节水蓄水能力，需要修建水库、筑牢堤坝。但是，在改造自然的过程中，必须遵从自然规律。例如，要依山水之势修桥开道、要根据生态环境筑堤建库。如果在改造自然和利用自然的过程中，不能遵从自然规律，超越了自然承受之度，就会改变自然界正常的运行规律，出现各种生态环境问题。因此，人在实践过程中必须注意遵循自然规律，保护生态环境。农村生态环境治理也是人的实践，也必须遵循自然规律。

3. 保护生态环境，是真正的以人为本

人不仅是自然界的产物，还是对象性的"自然存在物"及对象性的"社会存在物"。自然界是人"需要的对象"，并且是人表现其本质的"不可缺少的、重要的对象"。[①]因此，处理好人与自然的关系，坚持人与自然和谐相处，就是保护人的母体，就是保护人类自身。推进我国农村生态环境治理，就是要努力避免把改造自然作为片面谋求物质收益的手段和渠道，避免人为物所役，避免人自身的

---

① 马克思恩格斯全集：第 42 卷 [M]. 北京：人民出版社，1979：167-168.

异化，最终实现人的全面发展，也就是实现人与自然的和谐发展。

**（二）四大支柱：建设生态政治、生态经济、生态文化、生态社会**

工业文明以来，生态环境问题日益严峻，其与整个现代化进程紧密相关。生态环境治理，不仅仅要在经济发展过程中保护生态环境，还要在其他领域注重生态环境保护；不仅仅依赖于经济健康发展，还依赖于现代化各个领域协调发展。基于此，我国农村生态环境治理必然要站在人与自然和谐发展的高度，大力发展农村生态经济、生态政治、生态文化、生态社会。这是我国农村生态环境治理核心理念的外延，也是整个理论的框架支撑。

1. 发展生态经济，为农村生态环境治理奠定物质基础

经济建设是农村生态环境治理的基础，我国农村生态环境治理要将人与自然和谐发展理念体现于经济发展的各方面与全过程，从而发展生态经济。在经济发展理念上，要坚持经济与环境保护共同发展，最终促进人与自然的和谐共生；在发展目标上，要坚持经济又好又省地发展，最大程度地节约资源、保护环境，不断提高经济发展的生态和社会效益；在发展方式上，要坚持集约增长，并形成生态化的经济结构，不断提升生态文明建设水平。当前，我国正处于社会主义初级阶段，要大力推进绿色发展、循环发展、低碳发展，形成节约资源和保护环境的空间格局、产业结构、生产方式和生活方式。实质上，无论是在社会主义初级阶段，还是发展到较高水平，无论是在生产环节，还是在交换、分配、消费环节，都要坚持人与自然和谐发展、注重生态环境保护，努力为我国农村生态环境治理奠定坚实的物质基础，实现二者双赢。

2. 发展生态政治，为农村生态环境治理提供制度保障

政治建设是农村生态环境治理的保证，我国农村生态环境治理要将人与自然和谐发展理念体现于政治发展的各方面与全过程，从而发展生态政治。首先，要树立政治与生态环境协同发展的政治发

展理念，将农村生态环境保护作为重大发展战略，从多方面入手推进农村生态政治建设。其次，要将人与自然和谐发展理念融入执政党的思想建设、组织建设和作风建设之中，不断提高中国共产党生态建设的能力和水平，在全社会形成典范。再次，要积极转变职能，构建生态型政府。通过树立科学的生态政绩观，确保在谋求经济发展过程中不会以牺牲绿水青山为代价。对于已经出现和可能出现的生态环境问题，要积极治理并进行源头预防，最大程度地保证人民福祉。对于因生态环境问题导致的各种群体性事件及社会冲突，要能及时协调解决，以确保社会的和谐稳定。要用制度为人民群众参与生态环境治理提供各种平台和渠道，为农村生态环境治理营造良好的政治环境氛围，为推动形成"人与自然和谐发展现代化建设新格局"①提供科学、有效、有力的制度保障。

3. 发展生态社会，为农村生态环境治理创造社会条件

马克思曾指出："只有在社会中，人的自然的存在对他来说才是自己的人的存在，并且自然界对他来说才成为人。因此，社会是人同自然界的完成了的本质的统一，是自然界的真正复活，是人的实现了的自然主义和自然界的实现了的人道主义。"②可见，生态社会建设是人的本质体现与要求。当前，生态环境问题已经成为最大的民生问题，极大地影响了人民的生活水平和生活质量。因此，推进农村生态环境治理，就要将人与自然和谐发展理念体现于社会发展的各方面与全过程，从而推进农村生态社会建设。在社会建设理念方面，坚持人与自然、人与人、人与社会和谐发展；在发展目标上，要建成资源节约型、环境友好型社会；在发展方式上，要从提升人的基本素质入手，在全社会开展生态环境保护教育，为我国农村生态环境保护和治理培养人才；要保证农村社会的公平正义，通过各

---

① 胡锦涛. 坚定不移沿着中国特色社会主义道路前进为全面建成小康社会而奋斗——在中国共产党第十八次全国代表大会上的报告 [N]. 人民日报，2012-11-18（001）.

② 马克思恩格斯全集：第 42 卷 [M]. 北京：人民出版社，1979：122.

种手段和措施逐渐缩小个人之间、地区之间、行业之间的差距，避免因贫穷导致的生态危机出现。①通过发展生态社会，彰显农村生态环境治理以人为本的深刻意义。

4. 发展生态文化，为农村生态环境治理供给精神动力

文化建设能为农村生态环境治理提供思想和智力动力，我国农村生态环境治理要将人与自然和谐发展理念体现于文化发展的各方面与全过程，从而发展生态文化。在文化发展观念上，要坚持为自然服务、为人服务的方向，以人与自然和谐发展为指导，不断提高人民的生态文明素养。在文化体制改革方面，要为人民提供广阔的文化舞台，让人民成为生态文化创作的主体、生态文化管理的主体、生态文化成果的享有主体。在共同管理文化的过程中，人民也会不断提高思想道德素质及科学文化素质，会逐渐从根本上认识到，人生的最高意义在于精神的富有和追求，而不在于物质享乐。只有如此，生产者才能跳出"资本的逻辑"，真正为了人民的需要进行生产；消费者才能践行绿色消费、适度消费。从思想深处根除对自然无休止的盘剥，正是生态文化之于农村生态环境治理的强大力量。

**（三）一个引领：农村生态环境治理法治化**

法治对农村生态环境治理的重要作用就在于引领，通过法治引领农村生态环境治理的法治化方向。一是在治理过程中，要用法治代替人治，要通过固定的法的约束达到治理效能，而不应使领导人的主观思想或想法干预某种态势发展。二是在治理过程中，要注重法治思维和法治方式。法治思维是一种以法作为手段或工具来解决问题的惯性思维，法治方式是法治思维的具体践行。只有在法治思维的强大驱动下，才会有法治方式的广泛使用。因此，要想在全社会推行法治方式，必须在全社会培育法治思维，弘扬法治精神。三是在治理过程中，法治与其他方式优化组合。实际上，法治的方式

---

① 陈翠芳. 论利益矛盾与生态危机 [J]. 当代世界与社会主义，2011（3）：130-133.

不能解决所有的社会问题，因为不是所有的社会问题都会转化为法律问题。而其他非法律问题需要发挥舆论引导、道德约束的重要作用，即"法治"需与"德治"互相补充。在法的引领下，农村生态环境治理可以实现法治化，用法的视野、法的思维、法的方式保证农村生态环境治理法治化。四是法治引领农村生态环境保护和生态经济、生态政治、生态文化和生态社会协同发展。在农村生态环境治理过程中，法治的引领是全方位的。农村生态环境保护是农村生态环境治理的中心，而发展生态经济、生态政治、生态文化和生态社会是四个支柱，在现代化过程中，都要通过法治的引领达到生态环境治理预期成效。

# 第二章 我国农村生态环境治理的历史与现状

我国农村生态环境治理史就是一部农村生态环境的保护史。在农村生态环境遭受破坏的同时，我国对农村生态环境的保护从未停止。中华人民共和国成立以来我国农村生态环境的治理与保护，为进一步推进农村生态环境治理积累了宝贵经验。

## 第一节 农村生态环境治理的主要措施

1949 年 10 月 1 日，中华人民共和国成立，标志着我国开启了主动探索现代化的历史进程，也拉开了农村生态环境治理的帷幕。

### 一、改革开放前的农村生态环境治理

#### （一）节约资源

1949 年后，我国社会百废待兴，而现代化建设的任务又极为艰巨，节约自然资源成为此期农村生态环境治理的重要措施。毛泽东在 1956 年的《论十大关系》中指出，"大规模的建设"与"很穷的国家"是一对矛盾。①很穷的国家，表现之一就是资源紧缺。为解决这个矛盾，全国兴起厉行节约资源之风。

---

① 毛泽东文集：第七卷 [M]. 北京：人民出版社，1999：239.

## 1. 废品回收利用

对于废弃物品的回收利用，毛泽东非常支持并做出了形象的比喻，认为废弃物的作用与麻将牌的作用类似："上家的废物，是下家的原料"①。此处的废物是彼处的资源，此物的废物是彼物的原料。为节约资源搞建设，全国各地开展了轰轰烈烈的废品回收运动，并有计划地予以进行。例如，山西省人民委员会于 1959 年颁发开展群众性废品回收运动的通知中规定，要采取宣传、竞赛、定额等手段，积极发动群众、动员社会力量进行废品回收。②由于废品的种类繁多，其回收能够破解轻工业发展原料不足之困，在一定程度上也美化了农村生态环境。

## 2. 倡导使用粪便堆肥

针对农业肥料求大于供的实际情况，以毛泽东为首的国家领导人通过发展畜牧业来创造可再生资源，并提出"牲口是动力"③的口号，鼓励发展畜牧业，利用牲畜粪便生产肥料。在这方面，山东日照县农村的人粪、牛粪加干土"三合一"堆肥法以及人粪加干土的"二合一"堆肥法④，堪称农村有机肥制造的典范。在实践过程中，牲畜粪便、人的粪便、生活垃圾以及各种农作物蒿秆都被用来积肥堆肥。这不仅减轻了农业的用肥负担，也有利于保持农村环境卫生。

## 3. 开发利用沼气和太阳能

为节约农村能源，毛泽东特别注重沼气的作用，因为"沼气又

———————————

① 赵树迪. 毛泽东生态文明思想的当代启示》[J]. 湖南科技大学学报（社会科学版），2010：5.

② 山西省人民委员关于大力开展群众性废品回收运动的通知[N]. 山西政报，1959(12)：4-5.

③ 毛泽东文集：第八卷 [M]. 北京：人民出版社，1999：84.

④ 山东省卫生防疫站卫生科. 介绍日照县农村两类造肥方法 [J]. 山东医刊. 1965 (7)：21-22.

能点灯，又能做饭，又能作肥料"①。20 世纪 50 年代，广大农村开发利用沼气方兴未艾，山西省万荣县利用粪便制沼气，取得了很大成绩，经过推广，建成沼气库 482 个。②在拥有 61 万农村人口的沼气之乡绵阳，1975 年已经实现炊事沼气化和照明沼气化。③在实践中，不仅沼气开发备受重视，风能、太阳能也被用来开发小型风力机、太阳灶等。1975 年 7 月，第一次全国太阳能利用经验交流会在安阳召开，参观安阳地区几个社队使用的箱式太阳灶成为一大亮点。

**（二）保护环境**

这一时期，我国开始注重学习外国在生态环境保护方面的经验。1970 年 12 月 6 日，日本社会党前委员长浅沼稻次郎的夫人浅沼享子来华访问。得知一位随行的日本记者长期关注环境问题，周恩来特意安排座谈会，请其介绍日本的水俣病、骨痛病等公害，并向其咨询与日本公害密切相关的问题，体现了我国领导人对生态坏境保护的高度重视，也打开了进行生态环境保护的国际之窗。1972 年，我国决定成立由 30 人组成的代表团参加在瑞典首都斯德哥尔摩召开的联合国第一次人类环境会议，主要是通过此次会议"认识中国的环境问题"④。放眼看世界，为我国的生态环境保护积累了经验，也为农村生态环境治理奠定了前期基础。

**（三）生态防御**

这一时期，农村旱灾、水灾频仍，水土流失严重。为战胜各种自然灾害，党和国家领导人民进行了生态防御，对农村生态环境保护起到了积极作用。针对农业生产中存在的水灾、旱灾等顽疾，兴

---

① 国家经贸委可再生能源发展经济激励政策研究组. 中国可再生能源发展经济激励政策研究 [M]. 北京: 中国环境科学出版社, 1998: 66.

② 万荣县用粪便制沼气的方法 [N]. 山西日报, 1958（24）: 40-41.

③ 联合国沼气考察组对我国农村进行沼气考察的反映[J]. 中国能源, 1979（1）: 42-43, 83

④ 刘东. 周恩来关于环境保护的论述与实践 [J] 北京党史研究, 1996: 3.

修水利成为"保证农业增产的大事"①，也成为生态防御的重要举措。在党和国家的领导下，全国各区、各县、各乡和各个合作社都积极兴修小型水利，以保证遇旱有水，遇涝排水。1976 年，全国共建成大、中、小型水库 85000 多座，建成万亩以上的灌区 5000 多处，灌溉面积达 8 亿亩②，对抗旱、增产作用重大。1978 年，我国发生严重干旱，4017 万公顷农田受灾，但由于水利设施建设的重大作用，旱情得到缓解，粮食并未减产。针对严重的水土流失现象，植树造林成为预防之道。1951 年，西北农林部发布了关于秋季植树造林指示，要求各级政府、各林场积极发动群众，有组织地展开秋季植树造林运动③；山西省人民政府发布了关于春季植树造林工作的指示④。1952 年，政务院华北行政委员会发布了《一九五二年全省植树造林计划》。⑤1958 年，中共中央、国务院发布了《关于在全国大规模植树造林的指示》，我国开启了大规模植树造林之风。多年持续造林，在一定程度上遏制了水土流失，保护了农村生态环境。

## 二、改革开放后至 21 世纪初的农村生态环境治理

1978 年，改革开放的大幕拉开，中国进入经济发展的快车道。为促进经济更好地发展，继续推进有利于农村生态环境保护的资源节约、生态防御等举措。同时，针对新的生态环境问题，采取了新的措施。

### （一）节约资源

改革开放之后，经济发展迅速与资源"穷国"之间的矛盾更加尖锐，各种举措不断传承、发展。

---

① 毛泽东文集：第六卷 [M]. 北京：人民出版社，1999：451.
② 黄宏. 毛泽东与新中国的水利建设 [J]. 毛泽东邓小平理论研究. 2013 (11): 34-38.
③ 西北农林部关于秋季植树造林指示 [N]. 甘肃政报，1951 (1): 105.
④ 山西省人民政府关于春季植树造林工作的指示 [N]. 甘肃政报，1951 (1): 41-42.
⑤ 一九五二年全省植树造林计划 [N]. 山西政报，1952 (6): 48-49.

## 1. 新能源开发与利用

为减少经济发展对常规能源的依赖、缓解农村能源短缺的困境，国家制定了各种政策，并于1997年通过了《中华人民共和国节约能源法》，以法律的形式将"因地制宜、多能互补、综合利用、讲求效益"作为全国各地新能源开发和利用的基本方针。太阳能是农村发展重要的新能源，1979年9月，第二次全国太阳能利用经验交流会在西安召开；1981年，第一届全国农村太阳能利用训练班开班①。在农村地区，太阳能可以用于太阳灶、热水器、干燥器、太阳房等。1987年前后，太阳灶已达10万台（1979年为2000台），太阳能热水器面积达50万平方米，太阳能干燥器面积达5000多平方米，太阳房达80000平方米。②此后，太阳能在农村的利用更是年年扩展。利用太阳能大大节约了农村资源，以太阳房为例，20世纪90年代，每平方米太阳房年均可节省煤30—50公斤，节能率达60%—80%。③随着科技的发展，节能率不断增加，对于环境保护的贡献率也不断提升。各地根据实际情况发展新能源，实现了太阳能、风能、沼气、水能的"多能互补"和综合利用。资料显示，1992年，全国共498万户农户使用沼气池，2/3的农户（1.5亿）用上了省柴节煤炉（灶）。④1996年，全国共600多万农户用上了沼气池，1.77亿农户用上了省柴节煤炉（灶）。⑤截至2002年底，全国共1109万户农户使用沼气池，1.8亿农户用上了省柴节煤炉（灶），太阳灶在农村应用达到48万台，太阳能热水器面积达到1621万平方米、太阳房达1194万

---

① 王景德. 全国农村太阳能利用训练班在郑州举行 [J]. 农业工程，1981（5）：7.

② 农村科海瞭望 [J]. 新疆农垦科技，1987（06）：48-49.

③ 李申生. 太阳能利用与我国农村社会主义建设 [J]. 太阳能，1992（2）：2-4.

④ 国家环境保护总局. 1992年中国环境状况公报[EB/OL]. (2016-05-26) [2019-05-05]. http://www.mee.gov.cn/hjzl/zghjzkgb/lnzghjzkgb/201605/P020160526548620093838.pdf.

⑤ 国家环境保护总局. 1996年中国环境状况公报[EB/OL]. (2016-05-26) [2019-05-05]. http://www.mee.gov.cn/hjzl/zghjzkgb/lnzghjzkgb/201605/P020160526549917367367.pdf.

平方米。①

## 2. 节水灌溉

改革开放以来,我国农村各地进行了农业节水技术及应用研究。据 1998 年调查统计,农业节水灌溉面积达到 2.3 亿亩,运用的典型节水技术有喷灌、微灌、膜上灌、渠道防渗衬砌,管道输水等。②"九五"期间,农业节水灌溉工程面积比"八五"期间增加了 1.9 倍。在新增加的 766.7 万公顷节水灌溉面积中,159.1 万公顷来自喷灌和微灌,423.1 万公顷来自渠道防渗灌溉,而管道输水灌溉的贡献面积约为 184.4 万公顷。从利用效率的角度看,2000 年平均单位灌溉面积用水量远远小于 1995 年,减少了 555 立方米/公顷(1995 年为 7140 立方米/公顷,2000 年为 6585 立方米/公顷),灌溉水利用系数则提高到 0.40 以上。③

### (二)污染治理

改革开放后,农业和乡镇企业发展迅速,对农业和乡镇企业的治理成为农村生态环境污染治理的重点工作。

## 1. 农业污染治理

在农业污染治理方面,首先,限制高毒农药使用。1995 年 11 月,农业部会同卫生部、国内贸易部、国家环保局、国家工商局联合发出通知:要求蔬菜生产基地不能被农药污染,禁止在蔬菜基地销售高毒农药;同时,通过各种举措帮助菜农治理虫害以防止高毒农药用于蔬菜生产。④进入 21 世纪,我国通过各种有效措施逐步限

---

① 国家环境保护总局.中国环境状况公报 2002[EB/OL]. (2016-05-26) [2019-05-05]. http://www.mee.gov.cn/hjzl/zghjzkgb/lnzghjzkgb/201605/P020160526552803668343.pdf.

② 袁莹. 我国节水灌溉的现状及展望——水利部农村水利司司长李代鑫诠释农业节水灌溉 [N]. 中国花卉报, 2006-2-7 (001).

③ 龚时宏等. 全国 300 个节水重点县节水灌溉技术推广应用 [N]. 中国水利水电科学研究院学报, 2003 (4): 270-274.

④ 本刊编辑部. 国务院五个部局发出通知 严禁在蔬菜上使用高毒高残留农药 [J]. 长江蔬菜 1996 (2): 5.

制农业使用高毒农药。例如，停止新增甲胺磷、对硫磷、甲基对硫磷、久效磷、磷胺等 5 种高毒农药的受理登记，撤销两种高毒农药应用于果树的登记①；同时，鼓励生产、销售和使用生物农药等绿色环保农药；再如，农业部多次进行田间试验，共引进全新农药新品种 30 多个②，有力促进了绿色环保农药的使用。其次，科学使用化肥。1981 年，在国家经委和化工部组织领导下，在江苏省宜兴县、河北省国营芦台农场两个试点，全面展开科学施肥实践。1989 年，在南京土壤仪器研究所的努力下，科学测土施肥系统研制成功。③此后，科学施肥在全国大力推广，化肥利用率得到提升，生态环境得到保护。

### 2. 乡镇企业污染治理

在乡镇企业治理方面，1979 年，《中华人民共和国环境保护法（试行）》对"三同时"制度④的法律地位予以认可，并出台各种配套措施保证"三同时"制度的执行，对乡镇企业也逐渐试行了这一制度。1991 年，乡镇工业环境影响评价报告制度的执行率为 45%，"三同时"制度的执行率为 22%。⑤1993 年，在国家环保局的组织下，安徽、四川、湖南、湖北、甘肃、辽宁等 6 省 7 县的乡镇环境规划的试点验收工作顺利完成，在农业部的组织下，《迈进 21 世纪乡镇企业环境保护行动计划》正式颁发；为防治乡镇企业污染农业环境，地方政府积极行动，山西、黑龙江、湖北、陕西等农业大省的"农

---

① 我国进一步限制高毒农药使用 [N]. 人民日报，2000-11-15（005）.
② 我国进一步限制高毒农药使用 [N]. 中国农业信息快讯. 2001（4）：28.
③ 科学测土施肥系统研制成功 [J]. 中国农学通报. 1989（3）：15.
④ 1979 年，《中华人民共和国环境保护法（试行）》对"三同时"制度从法律上加以确认，第六条规定："在进行新建、改建和扩建工程时，必须提出对环境影响的报告书，经环境保护部门和其他有关部门审查批准后才能进行设计；其中防止污染和其他公害的设施，必须与主体工程同时设计、同时施工、同时投产；各项有害物质的排放必须遵守国家规定的标准。"
⑤ 国家环境保护总局. 1991 年中国环境状况公报[EB/OL]. (2016-05-26) [2019-05-05].
http://www.mee.gov.cn/hjzl/zghjzkgb/lnzghjzkgb/201605/P020160526547820754160.pdf.

业环境保护条例"纷纷出台；对于污染极为严重的土法炼硫磺，农业部和国家环保局联合要求加强对相关企业的环境管理和技术改造工作，并据此对乡镇企业主管部门和环保部门提出八点具体规定。①1994年，《乡镇工业污染控制的重点行业与重点区域名单》出台，对于污染环境的重点行业和区域予以重点控制②，不仅针对土法炼硫磺的污染行业进行控制，还对一些区域的土法炼焦、土法炼砷、土法炼铅锌等重污染行业予以重点整治。1996年，国家环保局与农业部、国家计委、国家经贸委三部门联合下发了《关于加强乡镇企业环境保护工作的规定》，规定乡镇企业不得新建已经依据相关法律和规定予以关停的生产项目，在国家规定的重点区域，对有高污染性的乡镇企业严格控制。

### （三）其他举措

为保护农村生态环境，这一时期还注重防风固沙、农田水利建设、环境卫生等工作。

#### 1. 植树造林

为表明植树造林的决心和意愿，1979年，第五届全国人大常委会第六次会议决定确定每年的3月12日为植树节。1980年3月5日，中共中央、国务院发布《关于大力开展植树造林的指示》，提出植树造林是"一项根本的农业基本建设"。③1981年五届人大四次会

---

① 八点要求如下：一是充分认识土法炼硫磺污染的严重性，切实加强土法炼硫磺企业的环境管理和技术改造工作；二是各级乡镇企业主管部门和环境保护部门要密切配合，在当地政府的领导下，依法对乡镇硫磺企业进行整顿；三是因地制宜地制定土法炼硫磺的环境管理和技术改造政策；四是硫磺产区有关的省、地、县要加强合作，协同工作；五是依靠科技进步，推动乡镇企业土法炼硫磺污染防治工作的展开；六是多渠道解决乡镇企业土法炼硫磺的技术改造资金；七是做好土法炼硫磺技术改造的宣传和服务工作；八是做好资源的综合开发和利用工作。

② 国家环境保护总局. 1994 年中国环境状况公报[EB/OL]. (2016-05-26) [2019-05-05]. http://www.mee.gov.cn/hjzl/zghjzkgb/lnzghjzkgb/201605/P020160526549361784239.pdf.

③ 中共中央、国务院关于大力开展植树造林的指示 [J]. 新疆林业，1980（3）：1-4.

议之后，兴起全民义务植树运动。[①]1989 年，植树达 17 亿株，参加义务植树的人数达到 3 万，植树造林的总面积达 502 万公顷[②]；1996 年，植树达 24 亿株，参加义务植树 5.35 亿人次，植树造林的总面积达 491.9 万公顷[③]。进入 21 世纪，我国人工林面积已经居世界之首，为我国农村生态环境保护奠定了坚实基础。

2. 兴建农田水利

1981 年 1 月，中国水利学会农田水利专业委员会成立，1989 年国务院发布了关于大力开展农田水利基本建设的决定。[④]此后，农田水利建设不断推进。1996 年秋季至 1997 年春季，全国灌溉面积新增 120.6 万公顷，499.6 万公顷农田灌溉面积得到改善，水土流失面积 23751 平方米得到治理[⑤]；从 2001 年秋季到 2002 年春季，全国灌溉面积新增 80 万公顷，374 万公顷农田灌溉面积得到改善，160 万公顷中低产田得到改造，共治理水土流失面积达 3.11 万公顷[⑥]。为预防干旱，小型水库、塘坝、水池、水窖、机井等小型农田水利工程建设不断推进。1996 年秋季至 1997 年春季，86 万处水毁工程被修复，60365 千米堤防渠道和 14334 座水库被新建、维修并加固；从 2001 年秋季到 2002 年春季，138 万处小型水利工程兴建成功，

① 五届人大四次会议关于开展全民义务植树运动的决议（1981 年 12 月 13 日第五届全国人民代表大会第四次会议通过）[J]. 新疆林业，1991（6）：1.

② 国家环境保护总局. 1989 年中国环境状况公报[EB/OL]. (2016-05-26) [2019-05-05]. http://www.mee.gov.cn/hjzl/zghjzkgb/lnzghjzkgb/201605/P020160526546215849168.pdf.

③ 国家环境保护总局. 1996 年中国环境状况公报[EB/OL]. (2016-05-26) [2019-05-05]. http://www.mee.gov.cn/hjzl/zghjzkgb/lnzghjzkgb/201605/P020160526549917367367.pdf.

④ 国务院关于大力开展农田水利基本建设的决定[J].中华人民共和国国务院公报,1989（21）：794-796.

⑤ 顾斌杰.1996—1997 年度全国农田水利基本建设情况回顾[J].中国农村水利水电（农田水利与小水电），1997（8）：5-6.

⑥ 杨广欣.2001—2002 年度全国农田水利基本建设综述 [J].中国农村水利水电. 2002（9）：3-5.

蓄水能力增加了 12.2 亿立方米。[①]为预防洪涝灾害，各地区积极修复水毁工程、加固堤防、疏浚河道。[②]1996 年秋季至 1997 年春季，新增除涝面积 160.8 万公顷；2001 年秋季到 2002 年春季，8.3 万处水毁工程被修复，2.45 万千米堤防被加高加固。此外，6.32 万千米河道被疏浚，得到改善。[③]各种农田水利建设，对防洪防旱、水土保持、保护生态环境、维系生态平衡等做出了重大贡献。

### 3. 农村改水改厕

农村饮水及环境卫生是重要的生态环境问题。改革开放前，我国就进行了改水、改厕的爱国卫生运动。1978 年之后，这项工作也并未停止。在改水方面，至 1990 年底，共 6.6 亿农村人口因改水受益（占农村总人口的 75.5%），其中饮用自来水、饮用手压机井水、饮用改良井水或窖存水的分别为 2.7 亿、1.7 亿、2.2 亿[④]。截至 2000 年底，在因改水受益的 8.81 亿农村人口中，55.2%的农村人口饮用上自来水，23.3%的农村人口饮用上手压机井水，饮用水卫生合格率达到 62.1%。[⑤]2002 年，91.7%农村人口因改水受益。[⑥]在改厕方面，2000 年，农村卫生厕所普及率为 44.8%，接近 1/3 卫生厕所粪便实现了无害化处理。[⑦]2002 年，全国 2.48 亿农户中，近一半的农

---

① 杨广欣. 2001—2002 年度全国农田水利基本建设综述 [J]. 中国农村水利水电. 2002（9）：3-5.

② 杨广欣. 2001—2002 年度全国农田水利基本建设综述 [J]. 中国农村水利水电. 2002（9）：3-5.

③ 杨广欣. 2001—2002 年度全国农田水利基本建设综述 [J]. 中国农村水利水电. 2002（9）：3-5.

④ 全国爱国卫生运动委员会. 关于农村改水改厕工作的请示 [J]. 中国初级卫生保健，1994（6）：3-5.

⑤ 国家环境保护总局. 中国环境状况公报 2000 [EB/OL]. (2016-05-26) [2019-05-05]. http://www.mee.gov.cn/hjzl/zghjzkgb/lnzghjzkgb/201605/P020160526551992292278.pdf.

⑥ 国家环境保护总局.中国环境状况公报 2002[EB/OL]. (2016-05-26) [2019-05-05]. http://www.mee.gov.cn/hjzl/zghjzkgb/lnzghjzkgb/201605/P020160526552803668343.pdf.

⑦ 国家环境保护总局. 中国环境状况公报 2000 [EB/OL]. (2016-05-26) [2019-05-05]. http://www.mee.gov.cn/hjzl/zghjzkgb/lnzghjzkgb/201605/P020160526551992292278.pdf.

户建成了各类卫生厕所，52.6%的粪便实现了无害化处理。[①]

### 三、21 世纪农村生态环境治理

进入 21 世纪，我国大力倡导科学发展，以人为本的发展理念不断彰显。为解决人民日益增长的美好生态环境需求同发展不平衡不充分之间的矛盾，农村生态环境治理进入了一个继往开来的新阶段。

#### （一）节约资源

新世纪，农村生态环境问题不断演化，很多节约资源保护环境的新举措应运而生。

#### 1. 秸秆还田与综合利用

农作物秸秆还田和综合利用不仅能够避免因大量焚烧而导致的大气环境破坏，还能节约资源，是保护生态环境的重要举措。2003年，机械化秸秆还田成绩突出，全国总还田面积为 1459 万公顷，比2002 年增加了 17.9 万公顷，青贮秸秆和氨化秸秆分别为 1.4 亿吨和5650 万吨，利用秸秆气化技术建设了 488 处集中供气工程。在 10个重点省市，机械化秸秆还田面积占总种植面积的 31%，共 930 万公顷（2002 年为 606 万公顷，增加了 324 万公顷）；秸秆综合利用面积占总种植面积的 48%，共 1450 万公顷[②]。2004 年，国家环保总局对秸秆焚烧实施了卫星监控[③]，据观测，2006 年全国夏秋两季农作物秸秆焚烧总体呈持续下降趋势[④]。2014 年检测到秸秆焚烧火点

---

[①] 国家环境保护总局.中国环境状况公报 2002[EB/OL]. (2016-05-26) [2019-05-05]. http://www.mee.gov.cn/hjzl/zghjzkgb/lnzghjzkgb/201605/P020160526552803668343.pdf.

[②] 国家环境保护总局.中国环境状况公报 2003[EB/OL]. (2016-05-26) [2019-05-05]. http://www.mee.gov.cn/hjzl/zghjzkgb/lnzghjzkgb/201605/P020160526553278257401.pdf.

[③] 国家环境保护总局. 2004 中国环境状况公报 [EB/OL]. (2016-05-26) [2019-05-05]. http://www.mee.gov.cn/hjzl/zghjzkgb/lnzghjzkgb/201605/P020160526553974502531.pdf.

[④] 国家环境保护总局. 2006 中国环境状况公报 [EB/OL]. (2016-05-26) [2019-05-05]. http://www.mee.gov.cn/hjzl/zghjzkgb/lnzghjzkgb/201605/P020160526559046430351.pdf.

5034 个，与 2013 年相比，焚烧火点降幅达到 36.9%。[①]

## 2. 农田保护性耕作

农田是天然的生态环境空间，对农村生态环境治理至关重要。为充分保护利用农田，2003 年，京、津、冀、陕、甘、宁、晋、鲁、豫、蒙、辽、青、新等北方 13 个省份的 60 个县推广旱区农田保护性耕作示范，大力推广减少二氧化碳和农田扬尘排放、增加土壤蓄水量和水分利用率等相关技术以节约耕地、保护环境。通过示范，2003 年因保护性耕作增加农田 8 万公顷。至 2006 年，示范区域扩展到北方 15 个省的 167 个县，实施保护性耕作面积达 2000 万亩。[②]2007 年，共建立 501 个示范县，国家级和省级示范县分别为173 个和 328 个，实施保护性耕作面积 3062 万亩，节省灌溉用水 12—18 亿立方米。[③]2009 年，《保护性耕作工程建设规划（2009 年—2015 年）》颁布，中国北方的 15 个省（包含自治区、直辖市）以及苏北、皖北等地区被划分为六个保护性耕作类型区，规划建设 600 个保护性耕作工程区，新增 1.7 亿亩保护性耕作，并提出要建立健全各种规章制度保障本规划顺利实施。[④]

## 3. 继续推进沼气开发利用

2003 年以后，农村沼气开发进一步扩大，户用沼气和养殖场沼气共同发展。至 2008 年，全国有 3050 万农户使用沼气，其中新增502 万户；另有各类养殖场沼气工程达 3.5 万处（大中型养殖场沼

① 中华人民共和国环境保护部. 2014 中国环境状况公报[EB/OL]. (2016-05-26) [2019-05-05]. http://www.mee.gov.cn/hjzl/zghjzkgb/lnzghjzkgb/201605/P020160526564730573906.pdf.

② 国家环境保护总局. 2006 中国环境状况公报 [EB/OL]. (2016-05-26) [2019-05-05]. http://www.mee.gov.cn/hjzl/zghjzkgb/lnzghjzkgb/201605/P020160526559046430351.pdf.

③ 中华人民共和国环境保护部. 2007 中国环境状况公报[EB/OL]. (2016-05-26) [2019-05-05]. http://www.mee.gov.cn/hjzl/zghjzkgb/lnzghjzkgb/201605/P020160526560006255479.pdf.

④ 本刊编辑部. 农业部、国家发改委联合发布《保护性耕作工程建设规划（2009—2015 年）[J]. 当代农机, 2009（9）: 12.

气工程2000多处)。[1]沼气年生产120亿立方米[2]，约节省标准煤1850万吨，有效地保护了生态环境。2009年，全国3500万农户使用沼气，全年新增510万户，沼气年生产134亿立方米，约节省标准煤2100万吨，二氧化碳排放减少约5000万吨。[3]与上一年相比，沼气年生产量与生态环境保护力度都极大增强。为支援农村沼气项目，多年来中央不断加大资金支援力度，并提高农村户用沼气中央补助标准。2011年共支持资金43亿元，东部地区农村户用沼气补助标准提高到1300元，中部地区提高到1600元，西部地区提高到2000元。[4]

### 4. 进行生态灌区建设

我国是水资源穷国，人均水资源水平仅仅为世界人均水资源的1/4，北方地区的水资源更是远远少于南方。农业用水尤其是灌溉用水是农村用水的主要方面，因此，2003年以后，节约农业灌溉用水不断受到重视：各方面不仅大力发展渠道防渗技术、管道输水技术、喷灌技术、微灌技术，还超越了对传统灌区的一般认识与实践，运用生态经济学原理进行生态灌区建设，以不断提高农业节水水平，促进经济发展与生态保护相协调。至2009年底，在规划内的416处大型灌区，共划拨390.49亿元资金进行大型灌区续建配套与节水改造，改善灌溉面积达到497.7万公顷，新增灌溉面积达到130.6万公顷。[5]在生态改造之前，灌区骨干渠系水利用系数为0.49，改

---

① 中华人民共和国环境保护部. 2008中国环境状况公报[EB/OL]. (2016-05-26) [2019-05-05]. http://www.mee.gov.cn/hjzl/zghjzkgb/lnzghjzkgb/201605/P020170331526784987758.pdf.

② 中华人民共和国环境保护部. 2008中国环境状况公报[EB/OL]. (2016-05-26) [2019-05-05]. http://www.mee.gov.cn/hjzl/zghjzkgb/lnzghjzkgb/201605/P020170331526784987758.pdf.

③ 中华人民共和国环境保护部. 2009中国环境状况公报[EB/OL]. (2016-05-26) [2019-05-05]. http://www.mee.gov.cn/hjzl/zghjzkgb/lnzghjzkgb/201605/P020160526561125391815.pdf.

④ 中华人民共和国环境保护部. 2011中国环境状况公报[EB/OL]. (2016-05-26) [2019-05-05]. http://www.mee.gov.cn/hjzl/zghjzkgb/lnzghjzkgb/201605/P020160526563389164206.pdf.

⑤ 中华人民共和国环境保护部. 2009中国环境状况公报[EB/OL]. (2016-05-26) [2019-05-05]. http://www.mee.gov.cn/hjzl/zghjzkgb/lnzghjzkgb/201605/P020160526561125391815.pdf.

造后为 0.53；通过生态灌区建设，经济和生态效益双显，新增粮食生产能力 107 亿千克，同时年新增节水能力 126 亿立方米。①2010 年，367 处大中型灌区续建配套与节水改造 367 处，节水灌溉面积达到 4 万公顷；实施田间工程、小型灌区、小塘坝、小型泵站、雨水积蓄利用等工程建设。近年来，中央对生态灌区建设的支持力度也不断增强，在中央的支持下，各地方对大中型灌区的骨干工程续建配套和节水改造建设出资予以配套支持，项目完成后经济效益和生态效益将实现双赢。

### （二）污染治理

在农村生态环境污染治理方面，主要从农业环境和农村人居环境两个方面进行改善。

### 1. 农业面源污染治理

农业污染是农村生态环境破坏的重要原因，因此，进行农业污染治理是农村生态环境保护的重要举措。首先，进行测土配方施肥。为普及测土配方技术，2006 年，农业部结合新型农民培训工程，在全国 600 个县，共划拨中央财政资金 7 亿元，对农民进行测土配方培训。通过培训，测土配方施肥面积达到 2.6 亿亩，不合理化肥施用折纯量达到 50 万吨。②2007 年，共为 1 亿农户提供测土配方施肥服务，测土配方施肥面积达到 6.4 亿亩，范围达 1200 个县，肥料利用率提高 3 个百分点③。测土配方施肥效果明显，截至 2011 年，不合理施肥累计达 580 万吨④，2014 年达近 200 万吨①。其次，消减和

---

① 中华人民共和国环境保护部. 2009 中国环境状况公报[EB/OL]. (2016-05-26) [2019-05-05]. http://www.mee.gov.cn/hjzl/zghjzkgb/lnzghjzkgb/201605/P020160526561125391815.pdf.

② 国家环境保护总局. 2006 中国环境状况公报 [EB/OL]. (2016-05-26) [2019-05-05]. http://www.mee.gov.cn/hjzl/zghjzkgb/lnzghjzkgb/201605/P020160526559046430351.pdf.

③ 中华人民共和国环境保护部. 2007 中国环境状况公报[EB/OL]. (2016-05-26) [2019-05-05]. http://www.mee.gov.cn/hjzl/zghjzkgb/lnzghjzkgb/201605/P020160526560006255479.pdf.

④ 中华人民共和国环境保护部. 2011 中国环境状况公报[EB/OL]. (2016-05-26) [2019-05-05]. http://www.mee.gov.cn/hjzl/zghjzkgb/lnzghjzkgb/201605/P020160526563389164206.pdf.

替代高毒农药使用。2006 年，全面禁止甲胺磷、对硫磷、甲基对硫磷、久效磷和磷胺等 5 种高毒有机磷农药的生产、销售和使用[②]；2007 年，甲胺磷等 5 种高毒农药被全面禁止销售和使用，873 个高毒农药的产品登记证被撤销[③]。多年来，已有 30 多种高毒高风险农药被禁产禁销。2015 年 4 月，新《中华人民共和国食品安全法》通过，规定食用农产品生产者要按照相关规定施用农药，运用法治手段对高毒农药施用进行最强有力的约束。上述措施，均用于治理农业污染，保护农村生态环境。

2. 农村清洁工程

农村生态环境保护是个系统工程，涉及资源节约、能源开发利用，以及人居环境改善等各个方面。2005 年 4 月，农业部提出要进行乡村清洁工程建设，冀、湘、川、徽、渝等 8 省市进行了试点。2008 年，试点扩展到湘、徽、甘、豫、赣等 16 省市及计划单列市，新增农村清洁工程示范村共计 117 个，全国农村清洁工程示范村超过 1000 个。2009 年，中央与地方协同行动，共同推动农村清洁工程建设。中央划拨 1032.5 万元重点资助湘、鄂、徽、川、渝等 17 个省、直辖市的 112 个村，省级自筹经费 1158 万元，县级自筹经费 7708 万元[④]，大力推进农村清洁工程建设。在各个示范村，农村生活污水及各种垃圾、人畜排泄物、田间废弃物等的回收处理率均达到 90%以上。通过农村清洁工程建设，农村生态环境大大改善。

① 中华人民共和国环境保护部. 2014 中国环境状况公报[EB/OL]. (2016-05-26) [2019-05-05]. http://www.mee.gov.cn/hjzl/zghjzkgb/lnzghjzkgb/201605/P020160526564730573906.pdf.

② 国家环境保护总局. 2006 中国环境状况公报 [EB/OL]. (2016-05-26) [2019-05-05]. http://www.mee.gov.cn/hjzl/zghjzkgb/lnzghjzkgb/201605/P020160526559046430351.pdf.

③ 中华人民共和国环境保护部. 2007 中国环境状况公报[EB/OL]. (2016-05-26) [2019-05-05]. http://www.mee.gov.cn/hjzl/zghjzkgb/lnzghjzkgb/201605/P020160526560006255479.pdf.

④ 中华人民共和国环境保护部. 2009 中国环境状况公报[EB/OL]. (2016-05-26) [2019-05-05]. http://www.mee.gov.cn/hjzl/zghjzkgb/lnzghjzkgb/201605/P020160526561125391815.pdf.

### （三）气象服务

为更好地保护农村生态环境，此期还注重农业气象服务体系和农村气象灾害防御体系。2010 年，中央一号文件提出，要健全农业气象服务体系和农村气象灾害防御体系，使气象为"三农"服务。实质上，农业气象服务体系和农村气象灾害防御体系建设对于农村生态环境保护至关重要，是有力的生态防御措施。气象服务体系与气象灾害防御体系建设，极大程度上避免了洪水、台风、冰雹、泥石流、高温以及雾霾等对农村生态环境造成的破坏。

# 第二节　农村生态环境治理的制度保障

概览我国农村生态环境治理的历史及现状，不难发现，我国农村生态环境治理一直在路上。近 70 年的实践，为节约资源、保护环境和生态预防积累了丰富的经验。在这些宝贵的经验背后，离不开相关制度的保障，这也为法治视阈下进一步推进农村生态环境治理奠定了基础。

## 一、改革开放前的农村生态环境治理制度

1973 年，国务院召开第一次全国环境保护会议，通过了我国第一个环境保护文件《关于保护和改善环境的若干规定》，确定了"32字方针"[①]，这是我国第一个关于环境保护的战略方针。1974 年，国务院正式成立了环境保护领导小组，于 1974 年、1975 年和 1976年分别下发了《环境保护规划要点》《关于环境保护的 10 年规划意

---

① 即"全面规划、合理布局、综合利用、化害为利、依靠群众、大家动手、保护环境、造福人民"。

见》《关于编制环境保护长远规划的通知》。这些制度规划虽然不是专门针对农村的生态环境保护文件，但为农村生态环境保护制度建设奠定了基础。

## 二、改革开放后至 21 世纪初农村生态环境治理制度

在改革开放的进程中，立足水环境、土壤环境和大气环境治理，农村生态环境治理制度得以在多方面展开。

### （一）农村水环境保护制度

1984 年 5 月 11 日，第六届全国人民代表大会常务委员会第五次会议通过《中华人民共和国水污染防治法》[1]，并根据其第四十五条制定了《中华人民共和国水污染防治法实施细则》，其中第三章"防止地表水污染"第十八条规定，污水灌溉应该定期检测污水水质和被灌溉土壤的土质，防止土壤、地下水以及农产品被污染[2]。1996 年修正的《中华人民共和国水污染防治法》[3]第三章"水污染防治的监督管理"第二十三条规定，国家禁止新建无水污染防治措施的企业[4]。第四章"防止地表水污染"第三十七条规定，向农田灌溉渠道排放工业废水和城市污水，要保护其下游最近的灌溉取水点，使其水质符合农田灌溉水质标准。第三十八条规定，要按照国家标准使用农药；必须加强管理农药的运输、存贮，加强对过期失效农药处置的管理。第三十九条规定，县级以上地方人民政府的农业管理部门和其他有关部门在防止水污染方面的责任，包括对化肥和农药的用量指导、施用指导、措施防范。2001 年 9 月，通过执行《中

---

① 中华人民共和国水污染防治法 [J]. 中华人民共和国国务院公报, 1984（10）: 307-313.

② 中华人民共和国水污染防治法实施细则 [J]. 中华人民共和国国务院公报, 1989（17）: 664-670.

③ 中华人民共和国水污染防治法 [J]. 中华人民共和国全国人民代表大会常务委员会公报, 1996（4）: 34-44.

④ 包括小型企业化学制纸浆、印染、染料、制革、电镀、炼油、农药以及其他严重污染水环境的企业。

华人民共和国水污染防治法》，农业面源污染治理开始起步。[①]

## （二）农村土壤环境保护制度

1986 年 6 月 25 日，第六届全国人民代表大会常务委员会第十六次会议通过《中华人民共和国土地管理法》，对合理开发和利用土地资源，切实保护耕地，起到重要作用。1993 年 7 月 2 日，第八届全国人民代表大会常务委员会第二次会议出台了《中华人民共和国农业法》[②]，第七章"农业资源与农业环境保护"明确规定了农业发展与生态环境保护的关系，并对政府和农业生产劳动者的相关责任做出规定[③]。1994 年，依据《中华人民共和国农业法》和《中华人民共和国土地管理法》，国务院发布了《基本农田保护条例》[④]，1999 年 1 月 1 日开始施行新的《基本农田保护条例》[⑤]。1994 年 8 月 18 日国务院发布的《基本农田保护条例》同时废止。1999 年颁布的《中华人民共和国农药管理条例实施办法》[⑥]对农药污染土壤环境做出基本规定。

## （三）农村大气环境保护制度

为防治大气污染，1987 年 9 月 5 日，第六届全国人民代表大会常务委员会第 22 次会议通过了《中华人民共和国大气污染防治

---

① 邹家华. 全国人大常委会执法检查组关于检查《中华人民共和国水污染防治法》实施情况的报告 [J]. 中华人民共和国全国人民代表大会常务委员会公报，2002（1）：62-71.

② 中华人民共和国农业法 [J]. 中华人民共和国国务院公报，1993（12）：534-544.

③ 第五十四条规定：发展农业必须合理利用资源，保护和改善生态环境。各级人民政府应当制订农业资源区划、农业环境保护规划和农村能源发展计划，组织农业生态环境治理。第五十五条规定，县级以上各级地方人民政府应当划定基本农田保护区，对基本农田保护区内的耕地实行特殊保护，具体办法由国务院规定。县级以上各级人民政府应当采取措施，加强对荒山、荒地、荒滩的开发与治理。农业生产经营组织和农业劳动者应当保养土地，合理使用化肥、农药，增加使用有机肥料，提高地力，防止土地的污染、破坏和地力衰退。

④ 基本农田保护条例 [J]. 中华人民共和国国务院公报，1994（19）：827-833.

⑤ 基本农田保护条例 [J]. 中华人民共和国国务院公报，1998（34）：1279-1284.

⑥ 中华人民共和国农药管理条例实施办法 [J]. 农药，1999（11）：1-5.

法》①。1995 年 8 月 29 日，中华人民共和国第八届全国人民代表大会常务委员会第十五次会议通过了新修订的《中华人民共和国大气污染防治法》②。2000 年 4 月 29 日，中华人民共和国第九届全国人民代表大会常务委员会第十五次会议修订通过《中华人民共和国大气污染防治法》③，"总则"第十条规定了各级人民政府的任务，要求做好城乡绿化工作、防风固沙，防止大气污染。

### （四）保护林木制度

1984 年 9 月 20 日，第六届全国人民代表大会常务委员会第七次会议通过了《中华人民共和国森林法》（以下简称《森林法》）④，该法将森林分为防护林、用材林等五类，并于第四条明确规定了防护林的生态功能，包括涵养水源、防止水土流失、农田防护等。为发挥森林作用，《森林法》规定对森林实行限额采伐，除农民居民所有的零星林木外，其他林木必须在获得许可证的前提下采伐⑤。国家依法对盗伐森林、林木的单位和个人给予罚款、追究刑事责任等处罚措施；对于违法颁发采伐许可证的单位依法进行行政处分或者追究刑事责任。对于在森林保护等方面做出突出贡献的单位或者个人，国家依法进行奖励。《森林法》还规定了各级林业部门的责任，

---

① 中华人民共和国大气污染防治法 [J]. 中华人民共和国国务院公报，1987（21）：691-696.

② 中华人民共和国大气污染防治法 [J]. 中华人民共和国国务院公报，1995（22）：871-878.

③ 中华人民共和国大气污染防治法 [J]. 中华人民共和国全国人民代表大会常务委员会公报，2000（3）：194-206.

④ 中华人民共和国森林法 [J]. 中华人民共和国国务院公报，1984（23）：771-778.

⑤ 《中华人民共和国森林法》第二十八条对伐木主体和相应许可证颁发组织予以详细规定，如农村集体经济组织采伐林木，由县级林业主管部门审核发放采伐许可证；农村居民采伐自留山和个人承包集体的林木，由县级林业主管部门或者其委托的乡、镇人民政府审核发放采伐许可证。二十九条至三十一条对许可证发放、申请和落实情况予以规定。1986 年，我国颁布了《中华人民共和国森林法实施细则》，进一步规定，凡采伐全民所有制单位经营和集体所有制单位所有的林木，都必须纳入国家的年度木材生产计划，除零星林木采伐等特殊情况外，凡采伐林木都必须申请林木采伐许可证。

第八条还特别提出要在乡级政府设专兼职人员，负责林业工作。为贯彻执行《森林法》，各地也出台了配套法规。江西省出台 13 件，云南省出台 10 件，福建出台 15 件。①经过多年的努力，我国森林面积和活立木总蓄积量实现双增长，"优化了农业的生产环境"②。1998 年，我国新修订了《中华人民共和国森林法》③，在对森林的保护措施之中，增加了综合利用木材、节约使用木材一项，鼓励木材代用品的开发及利用。这对于节约木材资源、绿化农村环境是十分有利的。此外，还提出由国家设立森林生态效益补偿基金，专款专用，这十分利于提升森林资源的生态效益。

**（五）保护草原制度**

1985 年 6 月 18 日，第六届全国人民代表大会常务委员会第十一次会议通过了《中华人民共和国草原法》（以下简称《草原法》）④，旨在保护生态环境，促进民族自治地方的经济发展。该法以法的形式保护草原的所有权和使用权，禁止过度放牧、违法开垦，防止天灾人祸，嘉奖对保护草原得当的单位和个人。2002 年《中华人民共和国草原法》修订⑤，将立法的意义修改为：改善生态环境，促进经济和社会的可持续发展。新修订的《草原法》单列第二章明确规定了草原权属的若干问题。同时，对草原保护、建设、利用，草原法规执行监督检查以及相关主管部门工作人员的法律责任等做出明确规定。

---

① 王丙乾. 全国人大常委会执法检查组关于检查《中华人民共和国森林法》实施情况的报告——1997 年 10 月 31 日在第八届全国人民代表大会常务委员会第二十八次会议上[J]. 中华人民共和国全国人民代表大会常务委员会公报，1997（6）：738-747.

② 王丙乾. 全国人大常委会执法检查组关于检查《中华人民共和国森林法》实施情况的报告——1997 年 10 月 31 日在第八届全国人民代表大会常务委员会第二十八次会议上[J]. 中华人民共和国全国人民代表大会常务委员会公报，1997（6）：738-747.

③ 中华人民共和国森林法 [J]. 中华人民共和国国务院公报，1998（11）：485-499.

④ 中华人民共和国草原法 [J]. 中华人民共和国国务院公报，1985（18）：579-582.

⑤ 中华人民共和国草原法 [J]. 中华人民共和国全国人民代表大会常务委员会公报，2003（1）：43-50.

### （六）开矿用地修复制度

1986 年 3 月 19 日，第六届全国人民代表大会常务委员会第十五次会议通过《中华人民共和国矿产资源法》[①]，第三十条规定了在开矿过程中对各类土地的保护要求[②]。1994 年，根据《中华人民共和国矿产资源法》，制定《中华人民共和国矿产资源法实施细则》[③]。1996 年，修订《中华人民共和国矿产资源法》[④]。各省出台配套法规制度，如《江西省矿产资源开采管理条例》《江西省集体矿山企业和个体采矿矿产资源监督管理办法》《云南省矿产资源管理条例》《辽宁省矿产资源管理条例》《辽宁省集体和个体采矿条例》《辽宁省矿山环境保护条例》《内蒙古自治区矿产资源管理条例》等。[⑤]

### （七）乡镇企业污染管控制度

1984 年发布了《国务院关于加强乡镇、街道企业环境管理的规定》[⑥]，规定乡镇企业不得兴建污染严重的项目，已经建成的要及时进行调整。没有关停的乡镇企业要按规定排放废弃物，并按规定交纳排污费。至 1989 年，我国已经形成了"三同时"制度、环境影响评价制度、排污收费制度、环境保护目标责任制度、城市环境综合整治定量考核、排污申报登记和排污许可证制度、污染集中控制

---

① 中华人民共和国矿产资源法 [J]. 中华人民共和国国务院公报，1986（8）：195-202.

② 第三十条规定：开采矿产资源，应当节约用地。耕地、草原、林地因采矿受到破坏的，矿山企业应当因地制宜地采取复垦利用、植树种草或者其他利用措施。

③ 中华人民共和国矿产资源法实施细则 [J]. 中华人民共和国国务院公报，1994（8）：294-305.

④ 中华人民共和国矿产资源法 [J]. 中华人民共和国国务院公报，1996（26）：1024-1032.

⑤ 邹家华. 全国人大常委会执法检查组关于检查《中华人民共和国矿产资源法》实施情况的报告——2002 年 10 月 26 日在第九届全国人民代表大会常务委员会第三十次会议上 [J]. 中华人民共和国全国人民代表大会常务委员会公报，2002（6）：564-572.

⑥ 国务院关于加强乡镇、街道企业环境管理的规定 [J]. 中华人民共和国国务院公报，1984（26）：917-918.

和限期治理等"八项制度",提高了环境管理水平。①

### 三、21 世纪农村生态环境保护主要制度

21 世纪的中国,更加注重农村生态环境保护的制度建设,形成了较为健全的制度体系。

#### (一)农村水环境保护制度

##### 1. 水资源节约

2009 年初,水利部等 10 个部委联合制定了《关于实施最严格水资源管理制度的意见》。②2011 年,中共中央、国务院发布《关于加快水利改革发展的决定》,提出在利用水资源过程中要确立好"三条红线"③,建立起四项制度,即用水总量控制制度、用水效率控制制度、水功能区限制纳污制度、水资源管理责任与考核制度。④2012 年 1 月 12 日,国务院发布了《关于实行最严格水资源管理制度的意见》。2014 年,与之配套的《实行最严格水资源管理制度考核工作实施方案》出台,最严格水资源管理制度考核工作全面启动。⑤

##### 2. 水污染防治

2008 年 2 月 28 日修订通过《中华人民共和国水污染防治法》⑥,自 2008 年 6 月 1 日起施行。新修订的《中华人民共和国水污染防治法》,第四章"水污染防治"中专列第四节为"农业和农村水污染防

---

① 国家环境保护总局. 1989 年中国环境状况公报[EB/OL]. (2016-05-26) [2019-05-05]. http://www.mee.gov.cn/hjzl/zghjzkgb/lnzghjzkgb/201605/P020160526546215849168.pdf.

② 中华人民共和国环境保护部. 2009 中国环境状况公报[EB/OL]. (2016-05-26) [2019-05-05]. http://www.mee.gov.cn/hjzl/zghjzkgb/lnzghjzkgb/201605/P020160526561125391815.pdf.

③ "三条红线"指:水资源开发利用控制、用水效率控制、水功能区限制纳污控制。

④ 中华人民共和国环境保护部. 2011 中国环境状况公报[EB/OL]. (2016-05-26) [2019-05-05]. http://www.mee.gov.cn/hjzl/zghjzkgb/lnzghjzkgb/201605/P020160526563389164206.pdf.

⑤ 水利部等十部门联合印发《实行最严格水资源管理制度考核工作实施方案》,我国全面启动最严格水资源管理考核问责 [J]. 中国水利, 2014(4).

⑥ 中华人民共和国水污染防治法 [J]. 中华人民共和国全国人民代表大会常务委员会公报. 2008(2): 215-226.

治",第四十七条至第五十一条详细设置了农业和农村水污染相关的法条,包括农药使用、运输和存贮,以及处置过期失效农药应防止造成水污染;相关部门应当采取措施对农业生产者进行指导,以防化肥和农药使用不当造成水污染;养殖小区要保证污水达标排放,防止污染水环境;水产养殖应当保护水域生态环境,防止污染水环境;污水废水灌溉要符合相关规定。2005年,我国开始关注地下水污染问题。2011年,《全国地下水污染防治规划(2011—2020年)》出台,首次对全国地下水污染防治工作做出全面部署。[1]2013年,开始研究编制《水污染防治行动计划》。

### (二)农村土壤环境保护制度

#### 1. 土壤污染防治

2008年6月6日,《关于加强土壤污染防治工作的意见》出台,确定农用土壤和污染场地土壤为土壤污染防治的重点领域。意见还要求尽快建立污染土壤风险评估和污染土壤修复制度。[2]2010年,《土壤污染防治法》的文本草案以及《土壤环境质量标准》修订草案形成。[3] 2011年,出台了《全国土壤环境保护规划(2011—2015年)》。[4] 2013年,开始研究编制《土壤环境保护和污染治理行动计划》。此后,土壤污染防治制度不断完善。2017年,根据《中华人民共和国环境保护法》《中华人民共和国农产品质量安全法》等法律法规和《土壤污染防治行动计划》,《农用地土壤环境管理办法(试行)》出台,以加强农用地土壤环境保护监督管理,保护农用地土壤

① 中华人民共和国环境保护部. 2011 中国环境状况公报[EB/OL]. (2016-05-26) [2019-05-05]. http://www.mee.gov.cn/hjzl/zghjzkgb/lnzghjzkgb/201605/P020160526563389164206.pdf.

② 中华人民共和国环境保护部. 2008 中国环境状况公报[EB/OL]. (2016-05-26) [2019-05-05]. http://www.mee.gov.cn/hjzl/zghjzkgb/lnzghjzkgb/201605/P020170331526784987758.pdf.

③ 中华人民共和国环境保护部. 2010 中国环境状况公报[EB/OL]. (2016-05-26) [2019-05-05]. http://www.mee.gov.cn/hjzl/zghjzkgb/lnzghjzkgb/201605/P020160526562650021158.pdf.

④ 中华人民共和国环境保护部. 2011 中国环境状况公报[EB/OL]. (2016-05-26) [2019-05-05]. http://www.mee.gov.cn/hjzl/zghjzkgb/lnzghjzkgb/201605/P020160526563389164206.pdf.

环境，管控农用地土壤环境风险，保障农产品质量安全。

### 2. 保护耕地

保护耕地，首先是完善耕地占补平衡制度。为强化占补实效，各省市纷纷响应中央号召建立目标责任制。为考核耕地占补平衡实效，国土资源部根据《中华人民共和国土地管理法》和《国务院关于深化改革严格土地管理的决定》，制定了《耕地占补平衡考核办法》①，对全国耕地占补平衡工作予以考核。其次，出台制度保证耕地质量。2012 年，《关于提升耕地保护水平全面加强耕地质量建设与管理的通知》②出台，通知提出 12 条具体要求，包括加快划定永久基本农田并严格管控优质耕地，大力推进农村土地整治以全面提升耕地质量等级等。2011 年 3 月，国务院公布施行新《土地复垦条例》③，共七章 44 条，使我国土地复垦的制度规范更加完善。在条例的基础上，国土资源部于 2012 年 12 月出台了配套的《土地复垦条例实施办法》④，进一步加强了耕地质量建设。近年来，农村耕地得到保护，基本农田维持在 15.6 亿亩以上⑤。

### （三）农村大气环境保护制度

在此期间，我国对大气污染采取联合联控措施，并出台相关政策制度。2010 年 5 月 11 日，由国务院办公厅下发的《关于推进大气污染联防联控工作改善区域空气质量指导意见》，成为我国第一个综合性大气污染防治政策。2012 年，《环境空气质量标准》（GB3095-2012）发布，其配套标准《环境空气质量指数（AQI）技

---

① 中华人民共和国国土资源部令第 33 号耕地占补平衡考核办法 [J]. 国土资源通讯，2006（13）：9-10.

② 国土资源部关于提升耕地保护水平全面加强耕地质量建设与管理的通知 [J]. 国土资源通讯. 2012（13）：37-39.

③ 国务院公布《土地复垦条例》[J]. 资源与人居环境，2011（4）.

④ 土地复垦条例实施办法 [J]. 国土资源通讯，2013（1）：22-27.

⑤ 乌云其木格. 全国人民代表大会常务委员会执法检查组关于检查《中华人民共和国农业法》实施情况的报告 [J]. 全国人民代表大会常务委员会公报，2013（1）：105-109.

术规定（试行）》（HJ633-2012）也相应出台。2013 年，《大气污染防治行动计划》出台，列出 35 项综合治理措施。为强化大气污染防治，2014 年，国务院办公厅发布《大气污染防治行动计划实施情况考核办法（试行）》，开始建立考核制度并确定了大气污染防治相关配套政策共 22 项。[①]1987 年 9 月 5 日第六届全国人民代表大会常务委员会第二十二次会议通过的《中华人民共和国大气污染防治法》，在 2001 年第一次修订的基础上，于 2015 年进行了第二次修订。其中第五节（七十五至八十五条）对农业污染、工业污染、服务业污染等防治工作进行了规定。[②]这既是防范大气污染的必然要求，同时也有利于农村各个产业绿色发展，有利于农村生态环境治理。

**（四）其他制度**

此外，此时期还注重城乡协调发展与公众参与制度。"为了加强城乡规划管理，协调城乡空间布局，改善人居环境，促进城乡经济社会全面协调可持续发展"[③]，2007 年 10 月 28 日第十届全国人民代表大会常务委员会第三十次会议通过了《中华人民共和国城乡规划法》[④]。为在全社会形成生态环境保护共识，2009 年，《关于做好

---

① 中华人民共和国环境保护部. 2014 中国环境状况公报[EB/OL]. (2016-05-26) [2019-05-05]. http://www.mee.gov.cn/hjzl/zghjzkgb/lnzghjzkgb/201605/P020160526564730573906.pdf.

② 《中华人民共和国大气污染防治法》第五章"农业和其他污染防治"：第七十三条规定，地方各级人民政府应当推动转变农业生产方式，发展农业循环经济，加大对废弃物综合处理的支持力度，加强对农业生产经营活动排放大气污染物的控制。第七十四条规定，农业生产经营者应当改进施肥方式，科学合理施用化肥并按照国家有关规定使用农药，减少氨、挥发性有机物等大气污染物的排放。禁止在人口集中地区对树木、花草喷洒剧毒、高毒农药。第七十五条规定，畜禽养殖场、养殖小区应当及时对污水、畜禽粪便和尸体等进行收集、贮存、清运和无害化处理，防止排放恶臭气体。第七十六条规定，各级人民政府及其农业行政等有关部门应当鼓励和支持采用先进适用技术，对秸秆、落叶等进行肥料化、饲料化、能源化、工业原料化、食用菌基料化等综合利用，加大对秸秆还田、收集一体化农业机械的财政补贴力度。县级人民政府应当组织建立秸秆收集、贮存、运输和综合利用服务体系，采用财政补贴等措施支持农村集体经济组织、农民专业合作经济组织、企业等开展秸秆收集、贮存、运输和综合利用服务。第七十七条规定，省、自治区、直辖市人民政府应当划定区域，禁止露天焚烧秸秆、落叶等产生烟尘污染的物质。

③ 中华人民共和国城乡规划法 [J]. 中华人民共和国国务院公报，2007（34）：4-10.

④ 中华人民共和国城乡规划法 [J]. 中华人民共和国国务院公报，2007（34）：4-10.

新形势下环境宣传教育工作的意见》出台，致力于形成环境宣教工作大格局。同年，《环境信息公开办法（试行）》发布，对公众环境知情权、参与权和监督权给予政策保障。[①]为激励公众参与，国务院提出了"以奖促治、以奖代补"等主要政策措施，中央财政专门设立了农村环境保护专项资金。这些都切实保障了农村生态环境治理的实效。

在农村生态环境治理各种制度的保障下，2017 年，农村畜禽粪污综合利用率接近 2/3，秸秆综合利用率约为 4/5。农药使用量实现了自 2015 年以来的连续负增长，化肥使用量实现零增长。农业节水成效也不断提升，农田灌溉水有效利用系数为 0.536。水稻、玉米和小麦三大粮食作物化肥利用率（37.8%）比 2015 年上升 2.6 个百分点，农药利用率（38.8%）比 2015 年上升 2.2 个百分点。[②]农村生态环境治理卓有成效。随着认识的深化，《中华人民共和国宪法修正案》于 2018 年 3 月 11 日由十三届全国人大一次会议第三次全体会议表决通过，《中华人民共和国环境保护税法》于 2018 年 1 月 1 日起开始施行，国家进行生态环境治理的总体制度环境更有利于农村生态环境治理的制度完善，更有力地维护了人民的公共环境利益。

# 第三节　农村生态环境治理的法治之思

"法治"意味着宪法和法律具有最高权威，意味着要有法可依、有法必依、执法必严、违法必究，意味着要科学立法、严格执法、

---

① 中华人民共和国环境保护部. 2009 中国环境状况公报[EB/OL]. (2016-05-26) [2019-05-05]. http://www.mee.gov.cn/hjzl/zghjzkgb/lnzghjzkgb/201605/P020160526561125391815.pdf.

② 中华人民共和国环境保护部. 2017 中国环境状况公报[EB/OL]. (2018-05-31) [2019-05-05]. http://www.mee.gov.cn/hjzl/zghjzkgb/lnzghjzkgb/201805/P020180531534645032372.pdf.

公正司法和全民守法。纵观农村生态环境治理的历史，可给当前的农村生态环境法治以启迪。

### 一、农村生态环境法治成绩

改革开放以来，随着我国法治建设的不断加强，农村生态环境法治取得了一些显著成绩。

#### （一）国家日渐重视法治在农村生态环境治理中的作用

改革开放后，我国的法治建设重新提上日程，农村生态环境法治随之拉开序幕。在 1979 年的《中华人民共和国环境保护法(试行)》中，规定了要节约农业用水，要合理使用农药，防止土壤污染；在 1989 年的《中华人民共和国环境保护法》中，则明确提出要加强对农业环境的保护。在历时 10 年的法治建设历程中，初步显示了农村生态环境治理的法治视角。党的十五大后，依法治国成为我国治国的基本方略。在 1999 年九届全国人大二次会议通过的宪法修正案中，明确规定了中国要实行依法治国、建设社会主义法治国家。2015 年 1 月 1 日，新修订的《中华人民共和国环境保护法》正式实施，不仅关注农业生态环境保护，还关注农村自然环境保护，更关注农民身体健康，并且明确规定县乡人民政府应当提高农村环境保护公共服务水平，推动农村环境综合整治。可见，在依法治国基本方略的指导下，农村生态环境治理的法治视野不断扩展，法治日益成为国家农村环境治理的重要理念。

#### （二）形成了与农村生态环境治理相关的系列法律法规

在农村水环境治理方面，1984 年 5 月 11 日，第六届全国人民代表大会常务委员会第五次会议通过了《中华人民共和国水污染防治法》，并于 2008 年 2 月 28 日再次修订。在新修订的《中华人民共和国水污染防治法》中，第四章"水污染防治"专列第四节为"农业和农村水污染防治"。为节约用水，2012 年 1 月 12 日，国务院发布了《关于实行最严格水资源管理制度的意见》，并于 2014 年发布了与之配套的《实行最严格水资源管理制度考核工作实施方案》。在农村土壤环境治理方面，1986 年 6 月 25 日，第六届全国人民代表大会常务委员会第十六次会议通过了《中华人民共和国土地管理法》。1993 年 7 月 2 日，第八届全国人民代表大会常务委员会第二次会议出台了《中华人民共和国农业法》。2010 年，《土壤污染防治法》的文本草案以及《土壤环境质量标准》修订草案形成，2011 年《全国土壤环境保护规划（2011—2015）》出台。在农村大气环境治理方面，1987 年 9 月 5 日，第六届全国人民代表大会常务委员会第二十二次会议通过了《中华人民共和国大气污染防治法》。2013 年，《大气污染防治行动计划》出台； 2014 年，与之配套的《大气污染防治行动计划实施情况考核办法（试行）》发布。系列法律法规的制定出台，使农村生态环境治理基本实现了有法可依。

## 二、农村生态环境法治之不足

尽管我国农村生态环境法治取得了一些成绩，但仍然存在诸多不足，相关问题必须引起高度重视，并在实践中予以解决。

### （一）农村生态环境治理主体的法治意识欠缺

当前，尽管国家日益重视法治作用，但农村生态环境治理主体的法治意识仍然不强。

#### 1. 农村居民的法治意识淡薄

受科学文化程度、历史文化传统等因素影响，农村居民的法治意识普遍不强，在生态环境保护方面，往往不能意识到生态环境保护不仅是义务，更是公民不可侵犯的权利；在生态环境遇到破坏时，往往不能诉诸法律而将希望寄托于破坏者自身良心发现或者道德修养的提升。

#### 2. 政府在治理过程中未能始终秉承依法行政理念

由于发展理念出现偏颇，政府在农村生态环境治理过程中往往以经济发展优先、以政绩优先，未能完全做到有法必依、执法必严和违法必究。

此外，由于经济利益的驱动以及其他各种因素限制，作为农村生态环境治理主体的农村企业和各种基层组织的法治观念较弱，不利于生态环境治理实践。

### （二）农村生态环境治理的法律体系不健全

#### 1. 缺乏农村生态环境治理的专门法

当前，与农村生态环境治理相关的法律法规如《中华人民共和国水污染防治法》《中华人民共和国土地管理法》《中华人民共和国大气污染防治法》等，虽然涉及农村水源、土壤、大气环境治理，但并非农村生态环境治理的专门性法律和法规，对农村生态环境治理缺乏针对性和具体操作性。

#### 2. 相关法规不完善

已有的法律法规有待完善。例如，《中华人民共和国环境保护法》虽然规定了政府及相关部门对农民的指导之责，但对履职不力却缺乏明确规定，需要予以完善。此外，在农村资源节约、生态环境保护、生态环境治理监管等方面，相关法律制度亦存在不够完善之处。

### （三）农村生态环境治理主体的法治能力不足

这主要表现在以下几个方面。

#### 1. 农村居民法治能力不足

由于普遍缺乏法治意识，加之一些具有较高法律素养的青壮年劳动力长期外出务工等因素影响，农村居民不能在生态环境治理中有效行使法律赋予的各种环境权利。

#### 2. 政府法治能力有待提升

政府受"人治"传统以及"GDP 优先"惯性思维的影响，在治理过程中存在重领导个人意志轻法律法规、重经济利益忽视甚至漠视法律的现象。

#### 3. 农村企业法治能力较弱

一些农村企业，在经济效益的驱动下，无视法律规定，对生态环境的破坏甚于保护。各主体的法治能力不足，不利于科学立法、严格执法、公正司法和全民守法，对农村生态环境治理非常不利。

　　总体上，尽管我国农村生态环境治理的法治力度不断加强，但"法治"内涵并未得到高度彰显，"法治"的作用也未得到高度发挥，"法治"的目的未最终实现。一方面，多元化治理主体未能在国家宪法和法律的框架中，通过综合运用多种治理手段，不断提升农村生态环境治理能力；另一方面，农村生态环境问题依然非常突出，生态环境保护形势依然非常严峻。工业污染、农业污染和生活垃圾污染叠加积聚，环境污染、资源短缺和生态破坏相互交织，农村居民乃至全体人民的生存发展面临巨大威胁。而这两方面充分说明，农村生态环境治理的法治进程刚刚起步，还有很长的路要走。

# 第三章 国外农村生态环境治理的
# 基本理论与实践

他山之石，可以攻玉。深入研究国外学者有关农村生态环境治理的理论，对我国农村生态环境治理理论具有借鉴意义；深入研究国外农村生态环境治理的实践，有利于求同存异，更有针对性地推动我国农村生态环境治理，提高治理实效。

## 第一节 国外农村生态环境治理的基本理论

国外与农村生态环境治理相关的理论较多。就生态环境问题产生的原因而言，有外部性理论、公地悲剧理论；就治理力度而言，有破窗理论、零容忍理论；就治理格局而言，有元治理理论、末端治理理论、协同治理理论、多中心治理理论；就治理主体而言，有新公共服务理论、公众参与理论；就治理的影响要素而言，有环境库兹涅茨曲线理论、公共选择理论等。从整体而言，从环境治理角度和现代化角度，国外农村生态环境治理理论主要包括环境治理理论和生态现代化理论。

### 一、环境治理理论

生态环境具有公共属性，个人为了一己私利，会不断增加对资源和环境的损耗，这就会造成 Garrett Hardin 提出的"公地悲剧"：

由于公共资源的"无主性",每个使用者都会为了个人私利而忽视公共环境利益;而面对公共环境破坏,每个使用者又不会为之停止对个人私利的追逐。因此,环境破坏是必然的结果。Garrett Hardin 的观点在理论界产生了深远的影响,为解决生态环境的"公地悲剧",Carruthers 和 Stoner(1981)[①]等认为应该由国家或者政府对资源进行有效的集中管制;延续 Coase 的产权思路,Demsetz(1967)[②]等学者认为应该对公共资源实行私有化;Elinor Ostrom 则在系统分析上述两种思路的基础上,独辟蹊径地提出了生态环境自主治理的解决路径[③]。上述三种思路成为环境治理的三大主要理论。

### (一)政府管制理论

管制,原英文为"regulation"。维斯凯西·W. K(Viscusi. W. K.)等认为,强制力是政府的主要资源,管制就是政府的一种强制性限制,即政府以强制手段限制个人或者组织的自由决策。[④]政府的强制手段包括法律制度、规则等。管制通常包括经济性管制和社会性管制。经济性管制是对企业的自由决策进行管制[⑤]。植草益认为,经济性管制一般发生在自然垄断和存在信息不对称的领域[⑥]。社会性管制的涵盖面较广,是为了达到一定的社会目标,实行跨产业、全方位的管制,环境保护就属于社会性管制的范围。针对企业和个人的活动造成的负外部性,政府需要针对其活动制定标准,禁止或

---

① Carruthers, Stoner.Economic Aspects and Policy Issues in Groundwater Development[M] World Bank staff working paper No.496. The World Bank, Washington, D.C., 1981: 29.

② Demsetz. Toward a Theory of Property Rights [J]. American Economic Review, 1967, 62(5): 347-359.

③ [美]埃莉诺·奥斯特罗姆. 公共事物的治理之道:集体行动制度的演进 [M]. 余逊达, 陈旭东, 译. 上海:上海译文出版社, 2012:31.

④ Viscusi W. K, J. M. Vernon, J. E. Harrington, Jr., Economics of Regulation and Antitrust [M]. Cambridge: The MIT Press, 2005: 357.

⑤ Viscusi W. K, J. M. Vernon, J. E. Harrington, Jr., Economics of Regulation and Antitrust [M]. Cambridge: The MIT Press, 2005: 357.

⑥ 植草益. 微观管制经济学 [M]. 朱绍文, 等, 译. 北京:中国发展出版社, 1992.

限制某些特定的行为,从而达到环境保护、防止自然灾害、维护国民健康和安全的目的。

美国是较早运用管制并将管制理论运用于生态环境保护领域的国家。以1970年为界,管制理论经过了由产业管制向社会管制发展的阶段。1970年以前,美国政府对一些具体产业实行了管制,如管道运输、电力、通信、交通、金融等产业。基于这些具体管制实践,卡恩(Kahn)于1970年指出,管制就是以政府命令(进入控制、价格决定、服务条件以及质量等)取代竞争,以此维护良好的经济绩效。斯蒂格勒(Stigler)于1971年指出,管制是一种法规,是国家强制权力的运用,是产业谋求利益所需要的。谢泼德(Shepherd)和威尔科克斯(Wilcox)于1979年指出,管制就是管制者们的所作所为,集中在能源部门、通信和城市服务等方面。乔科斯(Joxkow)和诺尔(Noll)于1981年全面总结了政府对产业价格和质量的管制,论述了管制立法的重要性。1970年,美国的环境保护委员会成立,注重环境质量、产品安全等方面的管制。管制理论向社会领域拓展,涉及环境保护领域,学者鲍默尔(Baumol)和奥茨(Oates)研究了环境管制和政策,他们认为,环境的外部性增加会影响个人的生活质量,通过征收附加税可以有效干预外部性行为。政府管制理论在社会上产生了较大影响。①

在经济社会发展过程中,人的一些不当行为会对生态环境产生重大负面影响,阻碍社会的可持续发展。面对生态环境破坏,公共集体如何破解个人的不当行为造成的难题,如何保护共同的公共利益,是政府管制理论运用于生态环境治理实践的逻辑起点。作为公共集体的代言人,政府有义务行使管制职能,对生态环境进行管制,因为政府管制行为可以限制负外部性活动,激励正外部性活动,保

---

① 上述关于管制理论的相关论述,可参见:丹尼尔·W.布罗姆利.经济利益与经济制度:公共政策的理论基础[M].陈郁,等,译.上海:格致出版社,2012:28-30页.

护生态环境，促进社会全面进步。

## （二）产权理论

产权是一种包括使用权、占有权、用益权和让渡权等在内的权力束，具有排他性。产权界定后，可以使外部性内部化，可以实现资源有效配置，使社会福利达到最大化。针对负外部性问题，庇古（Arthur cecil pigou）在《福利经济学》中指出，通过政府征税，可以矫正人们具有负外部性的活动。对此，Coase 在《社会成本问题》中指出，Pigou 的理论是模糊的，是考虑得不透彻的。[1]因为 Pigou 提出征税的举措，并不是"将可获得的总产品与可选择的社会安排进行比较后得出的"[2]。政府征税可以使企业因污染环境而支付一定费用，但是税收方案与污染受害者得到的补偿方案并不一致。税收的计算问题、损害的平均量和边际量的差异等，都说明 Pigou 征税的措施是不够科学的。为实现"与可选择的社会安排进行比较后得出的"社会福利最大化，Coase 在此基础上提出了产权理论。Coase 指出，生产要素并不仅仅是实物，更是一种权力。生产要素的所有者拥有的实质上就是实施一定（也就是有限的）权力的行为。生产要素拥有者在使用一种生产要素（权力）时的成本，就是其在行使权力时人们所受到的损失。因此，解决负外部性问题，需要界定产权，从而使双方能够选择一种更合适的制度安排，以实现双方利益最大化。产权理论对西方治理农村生态环境问题产生重大影响。由政府来制定规则、界定产权，保证市场的有效运行，可以实现资源的有效配置，以实现外部性内部化。

## （三）自主治理理论

基于对公地治理的反思，埃莉诺·奥斯特罗姆（Elinor Ostrom）

---

① [美] R. 科斯，A. 阿尔钦，D. 诺斯. 财产权利与制度变迁 [M]. 上海：上海三联出版社，上海人民出版社，1994：46.

② [美] R. 科斯，A. 阿尔钦，D. 诺斯. 财产权利与制度变迁 [M]. 上海：上海三联出版社，上海人民出版社，1994：48.

提出了自主治理理论，并因此获得了诺贝尔经济学奖。自主治理理论认为资源使用者集体可以自发、自主行动。针对政府的集中管制，Elinor Ostrom 认为，政府管制所要达到的"最优均衡"，需要假设信息准确、监督能力强、制裁可靠有效以及行政费用为零。①如果中央政府不能够达到上述要求，就会导致政府决策的错误性；针对在公地实行私有产权制度的理论，Elinor Ostrom 认为，尽管土地的私有产权很容易界定，但是很难界定流动性资源的私有产权。而且即使在一定条件下可以界定一组多样化的权利，但是资源系统依然可能为公共所有。②在反思上述两种治理方案的基础上，Elinor Ostrom 论述了自己的替代方案，即在公地内，通过制定合理的自治制度，资源使用者可以达成一个有约束力的合约，并承诺予以实施。这种自主治理能够规避搭便车行为，能够抵制机会主义行为诱惑，实现持久的共同受益。自治理论提倡多中心治理，能够充分提高政府公共事业管理职能，也大大提高了市场效率。

## 二、生态现代化理论

遍及全球的生态环境问题在现代化的过程中日渐凸显。处于现代化轨道之中，农村逐渐告别了铁犁牛耕，走向机器轰鸣，走向了经济飞速发展的新时代。然而，经济增长的另一面是农村生态环境的极大破坏，是农村生态环境问题的不断增多。面对严峻的生态环境问题，"反现代化""反工业化"等看法出现，认为生态环境问题是现代化过程中无法规避的后果。与种种悲观论调不同，生态现代化理论认为，生态环境问题是现代化过程中要积极面对的挑战，而

---

① 埃莉诺·奥斯特罗姆. 公共事物的治理之道：集体行动制度的演进 [M]. 余逊达，陈旭东，译. 上海：上海译文出版社，2012：13.
② 埃莉诺·奥斯特罗姆. 公共事物的治理之道：集体行动制度的演进 [M]. 余逊达，陈旭东，译. 上海：上海译文出版社，2012：17.

非现代化和工业化过程中"无法改变的后果"①。基于对现代化积极乐观的立场,生态现代化理论对"现代工业化社会如何应对环境危机的问题进行分析"②,努力探寻经济发展和环境保护兼得举措。生态现代化理论不仅为解决现代化过程中的生态环境问题树立了信心,也对国外农村生态环境治理产生重要影响。

## (一)生态现代化是传统现代化的高级阶段

作为一种现代化发展理论,生态现代化理论最早产生于西方,一般认为德国社会学家约瑟夫·胡贝尔(Joseph Huber)和马丁·杰尼克(Martin Jänicke)是这一理论的奠基人,该理论的核心是采用预防和创新的原则,推动经济增长和环境脱钩,实现经济与环境的双赢。Joseph Huber 认为,现代化发展要经历三个阶段:第一阶段是前现代化时期,现代化在农业基础上实现了突破(1948 年以前)。第二阶段是现代化发展的建设阶段,主要以工业生产为核心(1948—1980 年)。第三阶段是生态现代化阶段(1980 年之后),这是现代化的发展顶点。③斯帕尔加伦(Spaargaren)亦认为,1980 年之后的工业发展时期是一个新的时期。④与此前时期不同的是,这一时期出现了独立于政治、经济、社会领域的生态领域。⑤Joseph Huber 等生态现代化理论者之所以将 1980 年之后的工业发展阶段(现代化阶段)称为生态现代化阶段,正是基于这一时期现代化特点的考虑。1980 年以来,发达国家的工业化水平不断提升,但生态环境问题也

---

① 阿瑟·摩尔,戴维·索南菲尔德. 世界范围的生态现代化——观点和关键争论 [M]. 张鲲,译. 北京:商务印书馆,2011:5.

② 阿瑟·摩尔,戴维·索南菲尔德. 世界范围的生态现代化——观点和关键争论 [M]. 张鲲,译. 北京:商务印书馆,2011:6.

③ Cohen, Maurie J. Risk Society and Ecological Modernisation: Aternative Visions for Post-Industrial Nations [J]. Futures, 1997, 29(2): 105-119.

④ Spaargaren Gert. The Ecological Modernisation of Production and Consumption: Essays in Environmental Sociology [D]. Wageningen Agricultural University: Wageningen. 1997: 17.

⑤ Mol, A. P. J. The Refinement of Prouction: Ecological Modernisation Theory and the Chemical Industry [M]. Utrecht: Jan van Arkel/International Books.1995: 64.

不断积聚，这大大损害了西方工业社会的生存基础。这一现象不仅引起了理论界关注，也激发了一些国家层面的保护环境实际行动。例如，柏林科学中心（Berlin Science Center）最早提出了"生态现代化"概念①，并且将之运用于柏林社会科学学术团体，即环境政策研究的"柏林学派"。随着时间的推移和现实的需要，生态现代化概念对德国环境政策产生重大影响，德国政府于 1998 年提出了"生态现代化"行动纲要，从国家层面对传统现代化的生态转型予以有力推动。在其他国家，生态现代化实践也以不同形式推进。例如，瑞典于 1998 年宣称要成为生态可持续发展的驱动力和榜样；挪威于 2005 年宣称，要成为环境友好型能源方面的领导者；芬兰于 2005 年宣称要成为最有生态效率的社会。此外，荷兰和日本也是较早践行生态现代化的国家。②这些国家的生态现代化行动不仅包括话语转变、政策革新、技术革新、还涉及经济实践的转变。Martin Jänicke 进一步指出，生态现代化是一种经济与生态相互作用的现代化发展模式，通过环境技术革新促进环境友好型经济发展。③在生态现代化这种高级现代化发展阶段，需要明智的政府进行规制，也需要多种行为体对污染企业施加压力，迫使其转变经济发展实践方式。当然，生态现代化的发展会面临着很多阻碍，如"现代化失利者"将会竭尽全力抵制环境政策的出台或者执行，这决定了生态现代化的成功推进将是一个漫长的、不断调整的过程，在这一过程中，需要

---

① 马丁·耶内克，克劳斯·雅各布. 全球视野下的环境管治：生态与政治现代化的新方法 [M]. 李慧明，李昕蕾，译. 济南：山东大学出版社，2012：10.

② Spaargaren G，A. P. J. Mol. Sociology，Environment and Modernity：Ecological Modernisation as a Theory of Social Change [J]. Society and Natural Resources. 1992，5（4）：323-344.

③ 马丁·耶内克，克劳斯·雅各布. 全球视野下的环境管治：生态与政治现代化的新方法 [M]. 李慧明，李昕蕾，译. 济南：山东大学出版社，2012：10.

通过"结构性改革"①，充分调动现代化失利者乃至更多行为体的积极性。

## （二）生态现代化是多领域的现代化

随着西方生态现代化理论研究的深入发展，生态现代化由"极为强调技术创新"②不断发展，逐渐扩展至消费领域、文化领域以及其他领域。生态现代化应该是多领域的现代化，它不仅涉及生产方式的巨大变革，也涉及消费领域的巨大变革；不仅意味着国家要推进生态环境变革政策，还与民众的环境保护理念相关；不仅需要技术变迁，更需要制度保障。

### 1. 技术革新与生态现代化

Martin Jänicke 指出，在现代化的进程中，工业化国家存在不断加剧的竞争，促使技术革新的进程不断加快。生态现代化的治理方式离不开技术的发展，甚至可以说，由于竞争导致的技术革新是"生态现代化治理方式的全部要旨所在"③。从这个角度而言，生态现代化需要改变技术进步的方向，使之在竞争的驱动下向着有利于生态环境保护的方向发展。通过技术革新，可以形成一种为环境服务的力量，也可以达到生态与经济双赢。基于此，生态现代化实现的具体路径可以是：通过较为清洁的技术逐渐改善环境质量，或者通过严格的清洁技术从根本上改善环境质量。

### 2. 消费方式与生态现代化

生态环境问题不仅与生产模式密切相关，也与消费理念和消费行为密切相关。格特·斯帕加伦（Gert Spaargaren）等专门研究了

---

① 马丁·耶内克，克劳斯·雅各布. 全球视野下的环境管治：生态与政治现代化的新方法 [M]. 李慧明，李昕蕾，译. 济南：山东大学出版社，2012：28.

② [荷] 阿瑟·摩尔，[美] 戴维·索南菲尔德. 世界范围的生态现代化——观点和关键争论 [M]. 张鲲，译. 北京：商务印书馆，2011：4.

③ 马丁·耶内克，克劳斯·雅各布. 全球视野下的环境管治：生态与政治现代化的新方法 [M]. 李慧明，李昕蕾，译. 济南：山东大学出版社，2012：11.

消费者行为与生态现代化的关系。①他们指出，消费者的自我监督可以维持更具有可持续性的生活风格。生活风格不仅是满足一个人生存发展的需要，更是一个人身份的象征。因此，生活风格的转变不仅仅是转变一个人的生活方式，在某种程度上意味着一个群体生活方式的转变。可见，提倡并践行节俭的生活风格有利于可利用的生态环境空间的保护。当然，消费理念与消费行为不仅仅是个人的生活风格，更与生产供应系统密切相关。家庭消费的生态现代化不仅仅是生产领域生态现代化的衍生物。事实上，很多环境革新主要都是因消费者的意愿而启动的。消费者可以通过生活风格影响生产理念和实践，通过消费理念对生产理念进行切实导向。那么，什么样的消费方式才是有利于生态现代化的呢？Gert Spaargaren 和巴斯·范弗里特（Van vliet. B）提出了舒适、清洁与方便的标准。要按照这一标准的要求，推进有能力、有知识的家庭消费者实施环境革新，实现更具可持续性的家庭消费方式。

3. 国民环境知识与生态现代化

莫里·科恩（Maurie Cohen）认为，一个国家实施生态现代化的政策与国民的认识论相关。②Maurie Cohen 区分了四种典型的环境知识取向：理性生态主义、普罗米修斯主义、回归田园主义与生态灭绝神秘主义③，并指出了它们对采取生态现代化政策策略的重

---

① 格特·斯帕加伦，巴斯·范弗里特：生活风格、消费与环境——家庭消费的生态现代化［M］//阿瑟·摩尔，戴维·索南菲尔德. 世界范围的生态现代化——观点和关键争论. 北京：商务印书馆，2011：71.

② 莫里·科恩. 荷兰的生态现代化、环境知识与国民性格——初步分析［M］//阿瑟·摩尔，戴维·索南菲尔德. 世界范围的生态现代化——观点和关键争论. 北京：商务印书馆，2011：105.

③ 理性生态主义对科学和环境都非常重视，是一种乐观的、重视技术并关注环境的知识取向；普罗米修斯主义比较倾向于注重科学而缺乏生态意识，认为人类有能力通过自己的聪明才智来管理地球；回归田园主义具有精神—审美的知识倾向和强烈的生态意识，对科学和技术持强烈怀疑的态度，追求传统的生活风格；生态灭绝神秘主义是独特的精神—审美知识取向与弱生态意识的结合，信奉世界末日，认为没有必要因环境而调整自己的行为。

要意义。以荷兰为例，荷兰国民具有审慎的科学信念、注重整洁、道德观念强、容易焦虑不安，这些特点都意味着荷兰的环境知识取向与理性生态主义最为吻合。理性生态主义本身并不足以成为生态现代化的基础，但是，辅之以适当的政治和经济能力，理性生态主义就极可能促进必要的环境政策改革。Maurie Cohen 认为，生态现代化需要精神上的重大转变，"强势"生态现代化就需要基于重大精神转变的具有反思性的社会学习过程。"弱势"现代化仅仅考虑了重新设计制造体系以限制工业发展的负面作用，而没有考虑超越技术和工业层面并为公众参与提供创造更多的机会。

### （三）生态现代化理论是不断发展的理论

20 世纪 80 年代之后，生态现代化理论不断发展。阿瑟·P. J. 摩尔（Arthur P. J. Mol）和戴维·A. 索南菲尔德（David A. Sonnenfeld）指出，生态现代化理论发展状况可以划分为三个阶段。第一阶段是早期阶段，以约瑟夫·胡贝尔（Joseph Huber）的文章为代表，强调技术创新（尤其是工业生产领域的技术创新）对生态保护的重要意义；同时，肯定市场在生态保护过程中的作用，而对（官僚）国家持批评态度。第二阶段是中期阶段（20 世纪 80 年代至 20 世纪 90 年代），超越了技术创新的层次，认为现代化要重视体制和文化发展的作用。在市场与国家的作用问题上，认为二者对生态保护都有利。第三阶段是发展阶段，认为自 20 世纪以来，生态现代化理论已经超出了欧洲国家，向全球发展；同时，研究从生产向消费等各个方面延伸，扩展了研究视野，也取得了更为丰硕的成果。[①]

实质上，生态现代化理论是在众多理论的争论声中不断发展的。[②]生态现代化理论在产生之初，有很多不完善的地方，也遭到了种种

---

① 阿瑟·摩尔、戴维·索南菲尔德. 世界范围的生态现代化——观点和关键争论[M]. 张鲲，译. 北京：商务印书馆，2011：4-5.

② Mol, A. P. J. Ecological Modernisation and Institutional Reflexivity: Environmental Reform in the Late Modern Age [J]. Environmental Politics. 1996, 5(2): 302-323.

质疑。例如，戴维·N.佩洛（Pellow, David N.）、艾伦·施耐伯格
（Allen Schnaiberg）和亚当·S.温伯格（Weinberg, Adam S.）等对生
态现代化提出了三点批评。第一，在资本主义强烈特征的影响下，
没有充分的证据表明，决策过程中的环境标准已经从经济标准中解
放出来。因为即使公众强烈支持生态保护，资本主义市场标准也有
足够的能力不顾公众意见而控制大局；即使存在市场机会，生态利
益也无法渗透到组织逻辑之中。第二，再循环的现代化模式所取得
的生态收益极为有限。因为某种程度上，再循环确实节约了一些自
然原材料，但这种做法代价极高，并不比废弃物处理更具有生态收
益。再循环利用不仅使废弃物再利用计划失去市场，也增加了工人
们接触环境危险的可能性。第三，生态现代化仅仅关注了狭义的生
态问题，却忽视了对社会公平与政治-经济权利等其他同等重要的因
素的关注。生态现代化理论没有考虑到弱势群体的公平、发展中国
家的公平以及全球性公平问题。[①] David A. Sonnenfeld 也指出，生
态现代化存在着理论与实践中的矛盾。[②]理论上，生态现代化的重
要标准是废弃物源头减量以及资源的回收和再利用。但是，当前这
种生产的"非物质化"是以其他国家的过度物质化为代价的。发达
国家的生态现代化，是以其他地区的超物质化为代价的。这也是生
态现代化必须解决的实际问题。生态现代化理论是不断发展的理论
体系。对于不同学派的质疑或者是来自环境进程改革进程中实际存
在的问题，生态现代化理论的支持者们积极将其纳入思考范围和研
究视阈，并围绕着种种质疑和问题，深入探讨了生态现代化的特点、
体制保障、动力支撑以及全球差异等问题。这一理论的发展并没有

---

① 戴维·N. 佩洛，艾伦·施耐伯格，亚当·S. 温伯格. 检验生态现代化论题——城市
再循环的理想预期与实际表现 [M]//阿瑟·摩尔，戴维·索南菲尔德. 世界范围的生态现代
化——观点和关键争论. 北京：商务印书馆，2011：171-181.

② 戴维·A. 索南菲尔德. 生态现代化的矛盾——东南亚地区的纸浆与造纸业 [M]//阿
瑟·摩尔，戴维·索南菲尔德. 世界范围的生态现代化——观点和关键争论. 北京：商务印书
馆，2011：235.

止境，正如 Arthur P.J. Mol 和 Davod A. Spnnenfeld 所言："我们还要在这一学说的发展、验证与分析方面付出很多努力。"[①]在生态环境问题日益严峻的今天，西方生态现代化理论的生命力以及影响力不容小觑。

西方生态现代化理论是在西方工业社会的土壤中生长起来的。受西方工业社会环境影响，生态现代化理论具有明显的西方标准。一般认为，西方国家尤其是西欧国家，在现代化的过程中，经济、政治、文化、社会发展迅速，具备推进生态现代化的各种条件和基础，如市场经济发达带来的物质基础，民主政治发展带来的政治制度基础，民众环保意识发展以及各种环保组织的发展带来的社会环境基础，科学技术发展带来的环境监测与大数据公开等技术保障基础。正是因为西方经济社会的高度发展，生态现代化理论能否在相对落后的其他国家尤其是发展中国家推广实践而受到质疑。[②]事实上，尽管不同国家的社会、体制、生态和文化背景不同，但是，面对的生态环境危机却具有共同性。正是基于此，西方生态现代化理论对于农村生态环境治理而言，才具有更为实际的借鉴意义。

## 第二节　国外农村生态环境治理实践

研究国外农村生态环境治理，重点要研究和审视发达国家的相关治理实践。因为发达国家无论是现代化程度还是生态治理水平，都居于世界前列。以美国、日本、欧盟等国外农村生态环境治理的

---

① 阿瑟·摩尔，戴维·索南菲尔德. 世界范围的生态现代化——观点和关键争论[M]. 张鲲，译. 北京：商务印书馆，2011：14.

② Sarkar, S. Accommodating Industrialism: A third World Views of the West German Ecological Movement [J]. The Ecologist, 1990, 20(4): 147-152.

实践为典型经验，可以为我国的农村生态环境治理提供更多借鉴。

## 一、美国农村生态环境治理

美国不仅是经济发达的现代化大国，也是环保历史较长的发达国家。1865 年后，美国作为一个独立的国家进入到现代化的轨道。在现代化进程中，城市人口迅速积聚。为推进土地开发和农村人口聚集，美国于 1862 年成立农业部。随着现代化大工业的高歌猛进，生活垃圾和工业废弃物在河道大量堆积，美国于 1886 年率先颁布《河流和港口法》并于 1899 年重新修订，使之成为美国第一部水污染法。1912 年，联邦公共卫生局设立，负责供水和水污染管理。之后又成立了美国污染防治管理局。美国第一部环保成文法《国家环境政策法》于 1970 年 1 月 1 日颁布，并于 1971 年创设联邦环境保护局（EPA）。作为直接向总统负责的国家机构，EPA 全面负责监控和管理国家总体环境质量。在此期间，农业部也相应地实施了很多与农业污染问题相关的举措，不断行使针对农业面源污染问题的监督治理职能。总体上，随着环境保护的内在需要，美国环境治理不断升级、细化，逐渐拓展到农村地区。

### （一）农村养殖业污染治理

养殖业污染治理是美国农村生态环境治理的重点。就治理主体而言，美国形成了联邦政府、州和地方三级管理体系，各级政府以及各团体个人等都是农村生态环境的重要治理主体。就治理对象而言，美国农村养殖业治理对象具体划分为点源污染对象和面源污染对象。依据养殖规模，以 1000 单位为界，饲养数目达到 1000 只以上的，确立为点源污染对象；1000 只以下的则依据养殖实际情况（设施、排放状况等）确定是否为点源污染对象；依据养殖设施及时间，没有植被的密集设备圈养达 45 天或一年的为点源污染。针对点源污染和面源污染对象实施不同的治理方式：点源污染养殖业必须依法获得排污许可证，面源污染通过最佳管理实践（**Best　Management**

Practices，BMP）实行源头预防和过程治理。为治理农村养殖业污染，美国大力发展循环经济，实现了"种植—废弃物—养殖—废弃物—种植……"的种养结合模式，农作物秸秆可以作为禽畜养殖的饲料，禽畜养殖的粪便则可以作为种植的肥料。同时，通过技能培训、资金扶持（如环境质量激励项目）等手段，支持生产者在养殖过程中实现经济利益与环境保护双赢。

### （二）草原保护

美国的草原包括国有草原和私有草原，且私有草原占多数。这就意味着不同所有权的草原治理是有区别的。对于国有草原，主要通过许可证进行治理。私人承包国有草原，需要拥有许可证，承包使用者不得违反规定的放牧利用强度。放牧利用强度一般为可利用牧草产量的 40%—60%①，违者将受到制裁。对于私有草原则通过政策、技术和资金支持等予以引导约束。无论是产权归国家还是个人，为保护草原这一重要的生态资源，美国政府制定了一系列政策。

#### 1. 出台法规防治

法律法规的重要作用是实行严格的预防与治理。比较重要的法律法规有《泰勒放牧法》《公共草地改良法》《草地革新法》《自然保护区法》《清洁水源法》等，这些法律法规既有效避免了对草原的肆意破坏行为，也调动了生产者的积极性，在草原保护和经济发展方面都取得了良好效益。

#### 2. 项目修复

生态环境需要休养生息，通过依托大型项目进行治理，可以达到草原生态修复之目的。比较典型的有退耕（牧）还草项目、放牧地保护计划、环境质量激励项目等。退耕退牧项目执行周期为 10—25 年，主要针对农业面源污染和水土流失等生态失衡问题，在项目实

---

① 农业部赴美国草原保护和草原畜牧业考察团. 美国草原保护与草原牧业发展的经验研究［J］. 世界农业，2015（1）：36-40.

施区域对农牧民实行补贴，一年的补贴上限为 3 万元。①放牧地保护项目则针对长期放牧造成的草原植被破坏、水土流失等问题，对牧场进行免费技术指导，通过技术提升实现草原牧场资源合理化运用。环境质量激励项目则是通过激励的手段，鼓励在草原保护方面能够做出贡献的生产者，在一个执行周期内（6—10 年），将参与者获得的资金支持上限设定为30 万美元，将环境质量改善显著的资金支持上限设定为45 万美元。②这些项目的共同特点是，在政策制定和实施的过程中，会考虑农牧民的实际需求和意见建议，对不合时宜的条款和措施进行调整和更新。有了广大农牧民的认同和支持，各个项目的实施能够达到预期效果，实现了对草原的生态恢复。

### 3. 空间管理

美国草原面积居世界前列，其空间辽阔、生态多样。美国农业部每 5 年对草原实际状况进行调查，根据不同地区草原的植被、气候、资源等实际条件，将草原分成不同的生态空间，即"生态单元"。进入 21 世纪，还对重点区域实行重点监测。③将重点监测情况应用于类型相近的草原区域，从而实现了对草原的专业化管理。总体上，通过先进的科学技术，将每个草原生态空间的具体信息在互联网上予以公开，便于政府精准化管理，也便于农牧民进行科学合理的实践。通过科学有效的空间管理，充分发挥每一寸土地的生态功能和经济效益，切实保护了草原的每一寸土地。

### （三）农村生活污水治理

农村生活污水治理主体包括联邦政府、州政府、地方政府以及各团体等。为保证农村水污染治理成效，联邦国家环保局以《清洁

---

① 农业部赴美国草原保护和草原畜牧业考察团. 美国草原保护与草原牧业发展的经验研究 [J]. 世界农业, 2015（1）: 36-40.

② 农业部赴美国草原保护和草原畜牧业考察团. 美国草原保护与草原牧业发展的经验研究 [J]. 世界农业, 2015（1）: 36-40.

③ 农业部赴美国草原保护和草原畜牧业考察团. 美国草原保护与草原牧业发展的经验研究 [J]. 世界农业, 2015（1）: 36-40.

水法案》和《安全饮用水法案》为依据，通过制定水质标准、计划最大日负荷总量及国家污染排放削减系统计划等项目对农村生活污水进行治理。各州和民族地方政府则会依据实际情况确定在农村污水治理方面应该履行的职责。有资质的民间非营利机构和营利机构则会在政府监管下为农村生活污水治理提供治理规划与评估、技术咨询与培训以及（营利机构）合理的有偿管理等服务。在治理对象方面，由于美国已经实现城乡一体化，其乡村污水治理主要指 1 万人以下的分散污水治理。①按照环境敏感区的强弱程度，由强到弱处理方式依次如下：管理实体所有模式（Responsible Management Entity Ownership Model）、管理实体维护运行模式（Responsible Management Entity Operation and Maintenance Model）、许可运行模式（Operating Permit Model）、协议维护模式（Maintenance Contract Model）以及业主自主模式（Homeowner Awareness Model）。其中，管理实体所有模式和管理实体维护运行模式运用于环境敏感度高的区域，由专门机构对分散的污水处理系统实行集中维护和管理，许可运行模式适用于一般敏感区域，经过定期检查合格后，业主即可拥有许可证并且运行；在环境不太敏感的区域，业主可以与专业机构协议或者自主运行污水处理系统进行污水处理。

### （四）农业面源污染治理

美国是农业大国，率先走向农业现代化。在农业机械化大生产的过程中，也出现了严重的面源污染问题。美国农业污染占其全国面源污染总量的 68%—83%。全国 60%—80%的水体污染、75%的河道和溪流污染、50%的湖泊污染，都源于农业污染。在农业污染中，集约化养殖废物排放导致的污染占 1/5。②对此，美国联邦环境

---

① 范彬，等. 美国和日本乡村污水治理的组织管理与启示[J].中国给水排水，2009(10)：6-10-14.

② 韩洪云，等. 农业非点源污染治理政策变革：美国经验及其启示 [J]. 农业经济问题（月刊）， 2016（6）：93-104.

保护局和农业部分别履行着监督和具体实施的重要职责。①为防治农业面源污染，美国注重立法作用，1969 年通过了《国家环境政策法》。此后，又设定了一些专门性立法，如针对杀虫剂污染，通过了《联邦水污染控制法》和《联邦环境杀虫剂控制法》。以经济激励为主要特点，政府大力推广实行农业 BMP，将环境收益以奖励的形式返还给服务提供者，充分调动农户参与农业面源污染治理的积极性，通过免耕、少耕、休耕、轮作等各种措施实现环境保护目标。所谓免耕，就是完全取消犁铧翻耕土地，用免耕播种机播种时仅仅将土地翻开种子可以"容身"的细沟，同时将农作物秸秆等全部保留于地面，这样能够最大程度地避免土地被翻耕，最大程度地保持土壤的原始结构，也能最大程度地防止水蚀、风蚀等破坏。所谓少耕，就是减少耕作次数和强度。少耕是传统耕作和免耕的中间阶段，能有效避免土壤水分蒸发。休耕和轮作就是通过交替种植，使土壤能够休养生息。美国一般在干旱地区实行休耕轮作制度。

## 二、日本农村生态环境治理

日本是发达的现代化国家，早在现代化初期，日本就产生了严峻的生态环境问题。在可持续发展理念的引领下，日本政府于 1993 年 3 月颁布实施了《环境基本法》。2007 年，日本内阁会议通过了《21 世纪环境立国战略》。在环境立国战略背景下，日本倡导大力发展环保型农业，倡导人人参与，共建"养护"型农村。

### （一）农村污水治理

日本农村污水治理主体基本是政府（主导）、各级行政机关、行业机构共同参与完成。在日本都、道、府、县之下的市、町、村都是基层自治体，在农村污水治理方面承担着重要责任，是农村污水

---

① 韩洪云，等. 农业非点源污染治理政策变革：美国经验及其启示 [J]. 农业经济问题（月刊），2016（6）：93-104.

治理的重要主体。在都、道、府、县等上级政府部门的批准下，各自治体可以根据当地实际情况购置合理的污水处理设施，并且依据实际情况为所管辖的每一户居民定制合理合法的污水治理方式。就整个农村而言，符合规定的农业村落、渔业村落和林业村落分别有相应的污水处理设施。此外，山村地区（3—20 户）还设有简易排水设施，地方单独事业区（10—20 户）设有小规模集合排水处理设施。就每一户居民家庭而言，设有家庭粪便污水治理设施、特定地域生活排水处理设施以及合并处理净化槽设施。最初，日本处理家庭粪便污水使用的是单独净化槽，这种单独净化槽仅仅能够储存粪便污水，却不能储存洗衣做饭的污水，并且还需要送到专门处理机构进行处理。随着环境保护需求的提升，政府专门实施了合并净化槽资助计划，补助农村家庭用合并处理净化槽置换单独净化槽。购买了生活污水治理设施之后，运行过程中的检修、维护、质检、废止变更等，都由县（市）级的行政机关及其指定的机构进行监管。这样，就基本实现了政府主导、公民参与的模式。

### （二）农业用地污染治理

日本耕地较少，在现代化过程中，日本农业用地又遭受了过度开垦、农药和化肥污染，土地肥力下降，粮食安全出现危机，耕地资源也更加紧缺。为治理农业用地污染，日本政府制定了《食物、农业、农村基本法》《农业污染防治法》《环境影响评价法》等，并针对污染原因制定了相应政策。

#### 1. 农药污染防治

针对农药引发的污染，制定了《农药管理法》和《农药取缔法》，并根据《农药取缔法》制定了相应的实施细则。农药管理的相关法律从农药生产资质、使用方法以及使用安全标准等进行全过程监管与指导。为了防止高毒、高残留农药破坏土壤，日本致力于研发低毒、低残留农药，提倡使用秸秆、落叶等生态肥料，大力推广绿色农业，并制定了《可持续农业法》。《可持续农业法》规定了在农业生产过程中必须使用堆肥，使用有机质农业生产资料。如需使用化肥农药，必须使用农林水产省规定使用的高效产品。为保证农业生产过程中农药和肥料能够按《可持续农业法》的要求使用，在技术和使用方法等各方面予以配套规定。

2. 污水污染防治

针对污水引发的农业用地污染，制定了《水质污染防治法》，大力建设污水处理设施，从源头上避免农用地灌溉或水体流动引发污染。相较于污水处理设施，建设人工湿地是一种成本低、见效快的举措。

3. 其他污染防治

针对固体废弃物引发的农田污染，制定了《废物管理和公共清洁法》《容器和包装再循环法》，实行垃圾分类和循环利用制度。进行细致的垃圾分类，能有效避免有害物质未经处理进行填埋。依托废物利用技术对固体废弃物的再次利用，实现了资源的循环，保护了农业用地。针对农用地膜污染，则进行有效替代，用无毒的聚乙烯（PE）膜代替传统聚氯乙烯（PVC）膜。

除了出台法规政策，针对已经污染的土地，日本还利用其先进的环保技术进行无害化修复。植物修复土壤技术就是其中一种。利用嗜油酸单孢杆菌的耐汞基因处理汞污染土地，研发菌类治理二恶英污染的土地，既有效又环保。日本的依托固氮菌和多糖类物质研发的固氮技术能够促进作物生长，并提高土壤肥力。依托粉煤灰进行高温得到硅酸钾的技术，不仅是对粉煤灰污染的有效治理，也提高了钾肥的利用率。

### （三）循环型农村社会建设

日本的资源相对匮乏，在现代化过程中，大量的资源投入，不仅浪费资源，也会对生态环境造成不良影响，亦使得后续发展难以为继。为此，日本将 21 世纪定为"环境的世纪"，提出要建设循环型社会，并于 1992 年颁布了旨在发展循环经济的《循环经济法》。

在国家整体建设循环经济的氛围下，日本农村也走上循环型社会的道路。

### 1. 发展环境保全型农业

农业具有自然循环功能，是日本建设循环型农村的重点。为节约资源、保护环境，日本农林水产省积极响应号召，提出农业要为日本的环境保护做出突出贡献。农业要摒弃"大量生产—大量消费—大量废弃"直线型的发展方式，形成"生产—废弃物—再生产……"的循环型发展方式。为此，日本大力发展环境保全型农业①，即通过不用或少用化肥和农药等生产方式，将农业的自然循环功能充分发挥出来，最大程度地减轻环境负荷；同时，还要提高生产力，实现经济收益。这样既保全了环境，也实现了双赢。为推进环境保全型农业，日本颁布了《食物、农业、农村基本法》，进而又颁布了"农业环境三法"，即《持续农业法》《家畜排泄物法》《肥料管理法（修订）》。以立法的形式，严格约束因发展农业而导致的污染和破坏环境的行为。为推进环境保全型农业，日本在国家、都督道府县、市町村等都有相应的推进组织，分别为农林水产省推进本部、都督道府县推进协议会以及推进方针策定委员会。除了官方组织，日本还有非官方的民间组织，即"全国环境保全型农业推进会议"。官民兼具的推进组织，促进了官民有效连接，促进了生产者和消费者达成共识。

### 2. 循环利用生物资源

为建设循环型农村，日本非常注重生物资源循环利用。日本将可供循环利用的生物资源大体分为三类：废弃物、资源作物、未利用过的生物资源。②实质上，这三类可以归为两大类，即废弃物资源和作物资源。废弃物资源包括各种生物体排泄物、工业生产废弃

---

① 焦必方，孙彬彬. 日本现代农村建设研究 [M]. 上海：复旦大学出版社，2009：237.
② 焦必方，孙彬彬. 日本现代农村建设研究 [M]. 上海：复旦大学出版社，2009：251.

物、农业秸秆等残存物。作物资源则包括糖类、淀粉、油脂等资源。根据日本议会于 2002 年通过的"日本生物资源利用综合战略"，日本大力推进活用生物资源市町村建设，促进了循环型农村建设。

### 三、欧盟农村环境治理

欧盟是区域一体化的产物。20 世纪中叶，欧洲经济在二战战火中遭受重创。经过多年努力，1965 年，欧洲煤钢共同体、原子能共同体和经济共同体统一起来，统称欧洲共同体。欧共体旨在集中各国优势，打破国与国之间的国界壁垒，使劳动力、商品、资金以及服务能够自由流通。1991 年，《欧洲联盟条约》通过。1993 年，欧洲联盟正式成立。欧盟最初的成员国有法国、联邦德国、意大利、比利时、荷兰和卢森堡。后来加入的国家有丹麦、爱尔兰、英国、希腊、西班牙、葡萄牙、奥地利、芬兰和瑞典等。欧盟不仅是一个共同的经济实体，还逐渐发展为经济政治的共同体，在现代化道路上取得了巨大成绩，但同样也出现了环境问题。作为区域一体化的欧盟国家，在农村生态环境治理方面，既有个体国家的实践，又有整个联盟共同的努力与尝试。

在欧盟，芬兰的治理较为典型。芬兰，地处北欧，号称"千湖之国"，气候温暖湿润，湖泊资源丰富。其借助丰富的资源与得天独厚的地理条件，早就实现了现代化，是高度发达的国家。芬兰的农业比较发达，在农业现代化的初始阶段，也面临着化学用品过量化使用的问题，20 世纪 80 年代，除莠剂的使用量是 20 世纪 60 年代的 7 倍，化肥和农药的大量使用导致农业面源污染问题严重。例如，水体富营养化问题、生物生态空间缩减问题、物种濒危问题等。由于生态保护意识觉醒较早，芬兰的治理举措较为到位与及时。芬兰被誉为欧洲的环境政策先行者之一，其制定了很多卓有成效的环境政策。1983 年，芬兰环境委员会成立。芬兰农林部与环境部共同制定了"乡村地区环境保护规划"。在欧盟框架内，芬兰的农业环境政策制定还受到欧盟影响。作为共同体，针对欧盟国家农业发展中面临的生态环境问题，欧盟制定了共同的农业政策。1992年，欧盟将环境政策与农业市场和收入政策结合，并设立独立农业环境计划，对各成员国可能采取的农业环境措施予以界定。欧盟农业计划中有旨在减少硝酸盐污染的硝酸盐指令，芬兰引入这项指令，制定了关于农业硝酸盐污染防治的具体措施。欧盟农业计划中的"自然2000"计划也得到引入，对于芬兰的环境政策起到了合理整合作用。此外，以欧盟的2078/92计划为基础，芬兰还制定了全面的农业环境补贴体系，也就是"1995—1999年芬兰农业环境计划"。在这项计划之下，每个农场都可以获得补贴，但是必须制订出相应的环境管理计划，在合理限度内使用化肥，农场与水体之间必须设立1—3米宽的植物过滤带等。通过这种约束，芬兰有效达到了这项计划的目标。第一是减少农业对环境造成的压力，保护地表水、地下水和空气；减少杀虫剂使用造成的环境危害。第二是保护生物多样性，管理农业景观。第三是保护野生生物栖息地，保护濒危的动植物群。第四是以非工业化的、原生态的有益于环境的生产方式生产农业产品。

## 第三节　国外农村生态环境治理的有益启示

国外农村生态环境治理理论多彩、实践丰富。在法治视阈下对农村生态环境治理进行研究，能够为我国的农村生态环境治理提供宝贵借鉴。

### 一、重视法律的约束引导作用

由于较早地步入现代化发展轨道，一些较为发达的国家都比较注重农村生态环境治理法治。为应对现代化进程中的河流污染问题，美国于 1886 年率先颁布《河流和港口法》，并于 1899 年重新修订，使之成为美国第一部水污染法。1970 年 1 月 1 日，美国总统签署了第一部环保成文法《国家环境政策法》。为保护草原这一重要的生态资源，美国政府制定了《泰勒放牧法》《公共草地改良法》《草地革新法》《自然保护区法》《清洁水源法》等，这些法律法规既有效避免了草原被肆意破坏，也使得生产者的积极性被极大地激发出来，令草原保护和经济发展都取得了良好效益。为保护农村水质，美国联邦国家环保局以《清洁水法案》和《安全饮用水法案》为依据，通过制定水质标准、计划最大日负荷总量及国家污染排放削减系统计划等项目对农村生活污水进行治理。为防治农业面源污染，美国依然注重立法作用。例如，针对杀虫剂污染，通过了《联邦水污染控制法》和《联邦环境杀虫剂控制法》。作为发达的现代化国家，早在现代化初期，日本就产生了严峻的生态环境问题并于 1993 年 3 月颁布实施了《环境基本法》。为治理农业用地污染，日本政府制定了《食物、农业、农村基本法》《农业污染防治法》《环境影响评价法》《农药管理法》《农药取缔法》《可持续农业法》《水质污染防治法》《废物管理和公共清洁法》《容器和包装再循环法》等，为农业用地污染构筑了全方位的法治防护系统。

## 二、形成多元治理主体

国外农村生态环境治理体现了"治理"不同于"统治"的内涵，具有从个人到地方到区域，包含市民社会、政府和商业在内的多元主体治理的特点。例如，在农村生态环境治理方面，美国形成了联邦政府、州和地方三级管理体系，各级政府以及各团体个人等都是农村生态环境治理重要的主体。有资质的民间非营利机构和营利机构则会在政府监管下为农村生态环境治理提供治理规划与评估、技术咨询与培训以及（营利机构）合理的有偿管理等服务。在生态环境政策制定和实施的过程中，会考虑民众的实际需求和意见建议，对不合时宜的条款和措施进行调整和更新。日本农村生态环境治理主体包括政府（主导）、各级行政机关、行业机构，都、道、府、县之下的市、町、村是基层自治体。例如，在农业治理方面，除了农林水产省推进本部、都督道府县推进协议会以及推进方针策定委员会等官方组织，还有非官方的民间组织，如"全国环境保全型农业推进会议"。官民兼具的推进组织，促进了官民有效连接，形成了多元化治理主体的格局。而区域一体化的欧盟，更是形成了"个人—地方—国家—区域"的多层立体格局。以芬兰为例，其是欧盟的一分子，也是发达的现代化国家。为保护农村生态环境，芬兰农林部与环境部共同制订了"乡村地区环境保护规划"。不仅如此，芬兰还引入了很多欧盟制定的环境保护政策，如减少硝酸盐污染的硝酸盐指令、"自然2000"计划。事实上，在一个欧盟内，一体化的治理体现的不仅是治理主体的拓展，更是治理区域的多元联合。

### 三、注重发展循环经济

经济是一个国家和社会发展的基础。发达国家在现代化过程中，由于片面注重经济增长，造成了严重的生态环境问题。为了更好地解决生态环境问题，可持续发展理念应运而生，并由此大大推动了循环经济的发展。同样，在农村生态环境治理问题上，仅仅用法律禁止生态环境破坏是不够的，必须注重经济增长方式的转变，大力发展循环经济。为治理农村生态环境，美国大力发展循环经济，实现了"种植—废弃物—养殖—废弃物—种植……"的种养结合模式，农作物秸秆可以作为禽畜养殖的饲料，禽畜养殖的粪便可以作为种植的肥料。同时，还通过技能培训、资金扶持（如环境质量激励项目）等手段，支持生产者废物利用，大力发展循环经济。对于农作物秸秆，不仅可以将其用于制作肥料，还可以通过高科技手段研发出光解薄膜、食品袋、餐巾纸、食品盘以及空气滤清器等等。对于禽畜粪便，主要是通过高科技手段用于制作有机肥，以满足有机农业的市场需要。对于污水废水，美国成立了专门的水资源再利用管理机构，对污水处理厂的二级出水做进一步处理，达到标准后用于灌溉、工业用水、地下设施以及地下回灌等。日本在环境立国战略之下，大力倡导发展循环型农业，推进循环型农村社会建设。在循环经济的理念推动下，农业形成了"生产—废弃物—再生产……"循环型发展方式。为建设循环型农村，日本非常注重生物资源循环利用，实施了"日本生物资源利用综合战略"，将废弃物资源和作物资源循环利用起来，促进了循环型农村建设，也很好地保护了农村生态环境。

总体上，发达国家成功地实现了由"统治"到"治理"的时代跨越，充分调动多元治理主体的积极性，并将法治同生态经济、生态技术等结合在一起，大大提升了农村生态环境治理实效，为我国农村生态环境治理提供了宝贵借鉴经验。

# 第四章　农村生态环境治理的法治需求及法治化方向

研究农村生态环境治理的法治需求及法治化方向，是在法治视阈下进行农村生态环境治理研究的要义所在。通过考察农村生态环境治理主体的法治需求、治理内容的法治需求以及治理方式的法治需求，将更加明确法治是农村生态环境治理的必然选择，从而明确农村生态环境治理的法治化方向。

## 第一节　农村生态环境治理的法治需求

法治对农村生态环境治理具有重要意义，为此，农村生态环境治理需要法治，这是一种理论上的应然。对农村生态环境治理的实际进行分析，考察的是法治的实然。当前，在我国农村生态环境实际的治理过程中，治理主体、治理内容以及治理方式方面都需要法的充实与介入。这也是农村生态环境治理体系和治理能力的法治需求。

### 一、治理主体层面的法治需求

农村生态环境治理实效如何，离不开治理主体作用的发挥。政府、企业、农民、各社会团体、志愿者，都是农村生态环境治理的主体。各治理主体应该形成相互融通的空间治理网络，在共同的治理目标之下，各尽所能、各尽其责、协同行动。法治有利于治理主体协同行动。

为检验在实际治理过程中各主体发挥的作用，笔者在农村居民间进行了采访调查，请他们谈谈"农村出现生态环境问题的原因"。实际上，能否科学认知农村出现生态环境问题的原因，是各主体能否进行协同治理的前提。

对于这一问题，一些人认为，农村出现生态环境问题是因为其他村民缺乏生态环境保护意识。一些村民认为把生活污水和垃圾倒出了家门，既保持了自家的卫生，也没有影响到别人，为什么不可以呢？至于污染环境、全球变暖，村民们根本不知道，也不关心。采访的村庄中，无论经济条件好坏，普遍存在着乱扔乱放垃圾的情况。例如，河北省保定市阜平县下庄乡某村，由于交通不便，经济发展水平较低，尽管总体上生态环境较好，但是也普遍存在生活垃圾焚烧、生活污水浇地等问题；河北省邢台市广宗县某村，村民大多以种田为生，经济发展滞后。村子里人口多面积小，生活垃圾和污水都排到一条小河里，河水现在已经严重污染不能使用。安徽省阜阳市税镇某村，因为村民普遍外出打工，收入比较高，家家户户都盖起了二至四层不等的楼房，每家每户的庭院内都很干净，但是庭院外处处可见垃圾堆放，村里一个小饭店附近的大坑里，堆满了废旧的酒瓶和破碎的餐具。至于生活污水，村民都是直接倒进菜地或浇灌树木。可见，村民的生态环境保护意识确实比较低，甚至不知道环境保护为何物。

一些人认为，农村出现生态环境问题是当地企业排污导致的。例如，山东省潍坊市坊子区坊城街道某村村民认为，附近彩瓦厂排放的污水流入水库，导致当地水污染严重；河北省邢台市广宗县某村村民认为，近年来村子里有了零件加工厂和家禽养殖厂，产生了一些生态环境问题：工厂里的大烟囱里冒出大量的滚滚白烟，空气质量下降，一到冬天雾霾就很严重，能见度不足两米；山东省淄博市临淄区朱台镇某村村民表示，村里受钢铁厂排污影响，空气污染严重，尽管若干小型发电厂、化工厂、造纸厂都有污水处理设备，但是效果并不明显；河北省沧州市海兴县赵毛陶镇某村村民认为，本村口有砖厂，排放大量废气，对空气造成严重污染。

还有很多人认为，农村出现生态环境问题主要是因为政府部门管理不够强、管理有死角。例如，天津市武清区某村邻近北京，北京治理空气污染，不允许大货车进京，货车都停在武清，再二次转运到北京。村民们希望政府有所作为，实现郊区与北京一视同仁；天津市宁河区丰台镇某村，由于政府监管不到位，暖气片厂污染环境；天津市武清区大碱厂镇某庄的假花厂，污染环境，白天关门躲避检查，晚上生产，相关部门晚上不进行检查，给假花厂留下了污染机会。这些村民们的意见是，普通民众忽视生态环境有情可原，政府忽视生态环境保护则难辞其咎。

针对"农村出现生态环境问题的原因"的回答，基本上分为上述几种。排除自然因素，对人为因素的认知尤为重要。生态环境保护人人有责，这不仅是义务，更是责任。村民的回答基本上将自我排除在外，认为问题都是别人造成的。这种认识首先就会导致村民在生态环境治理方面缺乏主体性。而村民恰恰是农村生态环境治理的最基本力量。对于企业排污，受访者的认知基本一致，都认为当地企业肯定会造成污染。这表明了当前农村企业在生态环境治理和保护方面做得远远不够，企业更多地站在营利的角度思考问题，而未能从公共环境利益的角度去进行实践。对于政府职能，受访者认为其没有很好地履行公共治理职能，这既有主观认识，也是客观使然。从主观角度来说，这种观点的正确之处是看到了政府履职不到位，但忽视了保护环境人人有责。从客观角度来说，多年来"唯GDP论政绩"的大环境确实导致一些政府生态环境保护意识欠缺、治理行动不力。总体上，在农村生态环境治理问题上，从认知到实践，各主体没有能够达成高度的共识，没有进行协同一致的实践。

基于此，从治理主体的层面而言，法具有不可或缺性。各治理主体之所以不能达成共识，是因为在思想理念上没有意识到良好的生态环境对于自身的重要性：生态环境不仅能为其衣食住行提供物质和精神资源，还能够为其更好地生存和发展提供生态服务。法律赋予公民享有资源性环境权利和生态性环境权利，赋予公民环境知情权和环境监督权，从实体和形式两大方面为治理主体提供了最有力度的治理武器，有利于其切实履行生态环境保护职能和义务，满足生态环境"治理"人人有责的现实要求。可见，整合不同群体的利益，促使农村生态环境治理主体为了共同的环境利益采取一致行动，离不开法治。

## 二、治理对象层面的法治需求

农村生态环境问题十分复杂，需要由表入深进行治埋。所谓表层治理，就是对生态环境问题本身的治理，或者是停留在技术层面的治理；而深层治理，则是指对人的行为的治理。如果不能将表层治理同深层治理协同起来，将会导致各种类型、各种形式的生态环境问题不断积累，成为顽疾。

为了解治理对象层面的法治需求，笔者就"当本村出现诸如企业排污等环境污染问题时，你会怎么做"这一问题进行了调研。

一部分人认为：企业排污是企业的事情，与我无关，肯定不会管。作为村民，要少惹事，过好自己的日子就行了。一些人选择先去企业劝告制止，如果劝告制止无效，则会告知环保局或政府进行处理。这说明，在我国传统观念中，以和为贵的思想根深蒂固、影响深远。面对生态环境污染和破坏，一些人会首先选择和平处理，尽量大事化小、小事化无，尽量避免走上法律途径。一些人选择在网上发布污染事件，通过网络平台寻求帮助。这部分人以青年居多，他们熟悉网络，能够利用多媒体、借助多媒体寻求舆论帮助、维持正义。大多数情况下，随着媒体的介入，污染事件会通过法律手段解决。一部分人则选择先了解污染情况，然后通过取证举报，直接采用法律手段进行维权。选择这种方式的基本上是青年人，尤其是大学生。他们信赖法治，选择取证据实举报。

针对"当本村出现诸如企业排污等环境污染问题时，你会怎么做"的回答，实际上反映了各主体对治理对象的看法和做法。自改革开放以来，乡镇企业虽然在某种程度上发挥了带动经济增长的作用，但是其粗放型的增长方式对农村生态环境造成的破坏是极为严重的。对此，不能采取末端治理的方式，单纯对生态环境进行技术修复；而是应将企业的违法行为作为治理对象，从源头上杜绝农村生态环境污染。当前，针对企业污染问题，认为企业排污与己无关，不会惹是生非的人，明显没有认识到企业排污是违法行为。《中华人民共和国环境保护法》第四十二条明确规定了排放污染物的企事业单位的防治污染责任：企业应当建立环境保护责任制度，明确单位负责人和相关人员的责任。对于企业排污的违法行为置之不理，反映了受访者的环境保护意识淡薄。选择先去企业劝告制止的村民，基本上都会发现劝告和制止是无效的。企业在经济私利面前，根本不会听从村民的劝告，甚至面对相关部门的检查制止也会阳奉阴违，如表面答应进行环保处理，背地却偷挖排污坑。可见，尽管我国传统观念中以和为贵的思想影响深远，但在治理生态环境问题的对象层面，确实需要法律对企业或个人违法行为强有力的制约。

总体上，农村生态环境问题基本是人为原因造成的。法治能对人的行为进行最强有力的约束，从而使农村生态环境治理达到标本兼治。《中华人民共和国环境保护法》第一条就指出，制定本法的目的之一就是要防治污染和其他公害。污染和公害都是在人的生产和生活实践过程中产生的。为了保障公众健康，实现可持续发展，必须建立健全法律法规，对人的各种行为做出相应规范和约束。公民、法人和相关组织依法享有保护和治理环境的责任和义务，有权获得环境信息，并依法对生产者和消费者的行为进行监督。各级政府及其相关部门有责任为各个治理主体创造良好的法治环境。在环境事务的管理过程中，政府必须坚持公平正义，坚持服务全局，以谋求公共环境利益为目的。这样才能增强公众对于法治的信心，从而实现多领域、多层次、多方面协同治理，实现经济发展与环境保护双赢，实现人与自然和谐相处。

### 三、治理方式层面的法治需求

针对农村生态环境的治理方式，笔者主要调查了两个问题。问题一：邻里之间出现土地、林木或水源等纠纷，怎么解决？问题二：在解决生态环境问题的过程中，你是相信熟人还是法律？

对于问题一：邻里之间出现土地、林木或水源等纠纷，怎么解决？受访者的回答基本是一致的。在农村，由于资源的有限性及经济利益，乡邻之间经常会因土地、林木、水源等发生纠纷，一般都会采取私了、调解、打官司等手段。这几种手段是逐级递进的：私了，就是双方自己协商解决；调解，一般会找家族中的长者或者关系好的中间人来调解，也会找村委会干部来协调；打官司，就是在私了和调解都无效的情况下，再采取法律手段。总体上，选择打官司是最后的也是最不愿意选择的方式。因为大家在一个村里居住，考虑到日后还要交往，不愿意撕裂关系。所以，更希望大事化小、小事化了。但是，如果私了或调解无法解决问题，双方仍各持己见，那么只能采取法律手段，打官司解决。

对于问题二：在解决生态环境问题的过程中，你是相信熟人还是法律？回答基本分为三种倾向：一种是相信法律，一种是相信熟人，还有一种是二者兼有。

第一种观点，相信法律。选择相信法律的人，一种理由是他们认为法律对于每个人来说都是公平公正的，持这一态度的人一般都受过良好的教育，对法律持乐观态度，如乡村教育工作者和大学生。他们认为法律值得相信，法律就是公平正义的体现，在法律面前，人人平等。坚持用法律解决生态环境问题，能够最大程度地避免人为因素，得到客观的结果。而这种客观结果，基本上是能够获得较高的满意度的。这些人对法律有信心，认为即使有人私下违规，最终也会被法律制裁。极少数人从公民权利角度，认为保护生态环境就是保护人们的生存权和发展权，这是受法律保护的。因此，解决生态环境问题必须依靠法律。还有人因信赖国家而相信法律，如村委会成员。他们认为，我们的国家是社会主义国家，我国提倡依法治国，要建设法治中国，那么相信法律就是一个公民应该做到的。人民是国家的主人，国家意志就是人民的意志。从这个意义上说，信任法律就是信任人民自身。有些村民因为中国是人情大国而相信法律：与惯常想法不同（一般的，大家会因为中国是人情大国而相信熟人关系），这些村民认为，中国是人情大国，什么时候都靠人情，容易形成贪污受贿的风气，依靠熟人会出现关系套关系的情况，不利于问题的解决。解决生态环境问题不能依靠拖泥带水的人情和熟人，而要依靠神圣不可侵犯的、公平公正的法律。有人进一步认为，要成功解决生态环境问题，就必须有良好的法律法规支持，通过强有力的约束来实现目的。熟人关系会引起民众不满，就无法调动群众参与的热情，也无法彻底解决生态环境问题。有的村民基于自己的实际体会得出相信法律的结论，因为生态环境问题不是每个熟人都乐意帮忙或者都能帮忙，生态环境问题还是需要通过法律予以解决。例如，山东省淄博市临淄区朱台镇某村，环境污染问题曾经特别严重，现在的环境保护部门执法力度大，有了效果，所以村民认为只有通过更严格的执法，才能整治好环境。

　　第二种观点是相信熟人。持这样观点的人的主要理由是"熟人好办事"。这样的人年龄较大，长期受传统文化影响，认为农村就是熟人社会，没有熟人寸步难行。解决纠纷，就得通过关系找上级，没有关系打官司也会败诉。与此基本相似的理由是，熟人可以解决的当然不需动用法律，因为怎么容易怎么办。实际上，一些地方确实存在关系现象，也导致一些村民对正当处理方式没有信心。关系托关系、官官相护的现象，经过口耳相传，形成了不好的社会风气。这使得本来就相信"熟人好办事"的人更加坚定了遇事找熟人的信念，也使得本来遇事倾向于客观公正处理的人犹豫不决甚至产生动摇。个别人甚至悲观失望，认为贪官到处都是，而且官官相护，当官的都不清廉。他们认为，自己如果没有熟人关系，就啥也别说了，打官司也没用，肯定是谁有关系谁赢。即使是走法律程序，也得托人、送礼。所以归根结底，还是找熟人、送礼最管事。还有一些人认为，农村生态环境问题比较特殊，一般的法律没什么用。首先是一些地方干部也不懂法律，更别提依靠法律解决问题；其次是村民的法律意识比较淡薄，与其讲道理、讲法律，不如疏通关系，方便办事。综合上述考虑，还是得靠熟人。有人甚至认为，人际关系好，办事效率就高，而且当今社会的发展形势就是这样。

第三种观点，就是法律与熟人都可以信赖。持这种观点的人认为，不同情况下，法律和熟人都能发挥作用。只要能够解决问题，两种方式就不矛盾，就可以共存，就可以更好地解决问题。换言之，这些受访者相信法律，也相信人情，有时候通过熟人关系可以协商解决，但是有时候法律高于人情，法律至上。这就需要具体问题具体分析，如果必须通过法律程序，就要走法律途径。

解决生态环境问题，你是相信熟人还是法律？这是在理论上做一假设。考虑到受访者对"人治"和"法治"的概念和内涵可能不甚清楚，就用大家熟知的"熟人"和"法律"来替代提问。对于这一问题的回答，首先在一定程度上反映出民众的法律素养，这种素养与个人的生活环境、学识修养以及实践经验相关。此外，选择熟人或者法律，也能够反映出人们对不同治理方式的需求。如果人们信任某一熟人的德行品性，就愿意采取"人治"的方式；如果人们不满于熟人关系的弊端，就会选择较为客观的"法治"方式。而当法律被滥用、被亵渎时，人们又会转而选择找熟人。这实际上是一种恶性循环。

总体上，农村生态环境问题存在复杂性和整体性，需要运用法治等多种治理手段。正如有的受访者所说，哪种方式适合就用哪种方式。首先，在关系到国计民生的水污染、土壤污染、大气污染等重大生态环境问题上，对于利益熏心、屡禁不止的污染者，需要彰显法的权威，切实保障人民利益。这就需要出台相关法律法规，在制定过程中要符合法律程序，体现人民公意，及时剔除一些不当治理举措，并使一些科学合理的治理方式上升为法律意志。其次，有规矩自成方圆。在农村生态环境治理过程中，为避免权力滥用，主观随意，也需要法治。法律法规具有科学性和稳定性，能够最大程度地避免主观随意和朝令夕改。政府必须依据宪法和法律制定各种环境决策、管理环境公共事务、处理环境纠纷，这既能够得到人民的支持，也有利于提升农村生态环境治理实效。当然，这亦需政策执行者提高自身法律素养和水平，形成法治思维和定式，切实做到依法执政，从而避免无视或忽视法律法规、避免个人意志高于规章制度的现象，避免一些不当治理手段长期运行，或者导致一些有效的治理手段不能长期稳定地发挥作用。再次，在农村生态环境治理过程中，不可能事事都要运用法治的手段，人的言行也不可能时时刻刻处于条条框框的束缚之中，必须将法治与人治或德治很好地结合起来。这里强调的人治，不是传统意义上的"人治"概念，而是指具有优秀道德品质、有高度责任心的人的治理，是一种人人参与的治理，也是一种高品质的"德治"。广义上来说，法律是手段，必须通过人来实施，总体上依然是"人治"。狭义上，"人治"可以被理解为"德治"。德治能够让人感受到浓浓的人情味，而不是冷冰冰的约束。无论是公职人员还是农民个人，在生态环境治理问题上，都需要有较高的环保意识和高度的自觉，需要相互交流沟通，彰显人格的魅力以及道德的力量。法律是成文的道德，道德是内心的法律，当前，德与法都是农村生态环境治理的必要手段。在农村生态环境治理过程中，要不断彰显法的权威，将外在的法律制度内化于心，使治理主体做到懂法、知法，依法自觉履行环境保护义务，实现法治和德治的结合。在法治的约束和道德的倡导下，当社会发展到一定程度，个人的思想道德高尚、心灵纯净自然，那就是农村生态环境治理的最高境界了。总而言之，对于当前的农村生态环境治理，法治是一种必然的治理方式，但却不能孤军奋战。

# 第二节　农村生态环境治理法治化方向

基于农村生态环境治理的法治需求，农村生态环境治理应该法治化。农村生态环境治理法治化方向，是一种法治引领。这种引领体现在农村生态环境治理的各个方面，贯穿于生态环境、生态经济、生态政治、生态社会、生态文化建设之中。

## 一、生态环境保护法治化

保护好农村生态环境是农村生态环境治理的基本目标，也是进行生态环境治理实践的出发点。农村生态环境治理法治化首先体现为农村生态环境保护法治化。

### （一）要以法的形式确立农村生态环境保护的战略地位

通过立法明确农村生态环境保护是促进农村发展的必备条件，是提升民众福祉的必然要求，农村生态环境保护要融入农村现代化发展的各个方面和全过程。人为了生存和发展，需要以自然界为对象进行各种实践活动，推进农村现代化就是一种为了提高生产效率和生活水平而进行的重要实践。在农村现代化实践过程中，良好的生态环境不仅能为农村现代化提供各种优质的物质资源和能源，包括各种矿产资源、生物资源、水资源、森林资源、大气资源等，还能为现代化提供宝贵的思想资源。自然界的神奇造化、博大胸怀、生生不息、自我净化及自我调适的能力不断为人类进行现代化实践提供新的思路与启示。概而言之，尊重自然、保护自然有利于农村现代化水平的提升。而遭到破坏的自然界，将出现各种资源尤其是优质资源的短缺，制约现代化发展水平。依法保护农村自然环境，能够切实提高民生福祉。

### （二）要完善农村生态环境治理法律法规

要依据自然规律，完善农村生态环境治理法律法规，为农村生态环境筑牢生态红线，筑牢不可逾越的生态底线。生态环境的变化发展与人的实践活动密切相关。违背自然规律的实践会对生态环境产生破坏，符合自然规律的实践则有利于生态环境保护。虽然人能够意识到这一点，但由于各种主客观因素的限制，人的行为对生态环境的破坏必须由法律进行强有力的约束。完善农村生态环境治理法律法规，一是要完善环境质量标准制度。如，降低大气生态环境中的 pm2.5 和 pm10 等污染物，使污染物不能超出生态系统承受限度，不能对人体产生危害；防治土壤沙化、盐渍化、贫瘠化和石漠化，保证土壤植被覆盖率；保证水体成分符合正常标准，防止氮磷钾等元素排入水体造成水体富营养化，防治水污染。二是要健全农村生态环境监测制度。如，针对农村生态环境制定出台科学合理的监测规范，并依法设置监测点，形成有点有面、点面结合的监测网络。监测机构应该具有一定资质，监测设备应该达到技术水准，监测信息应该对全社会公开。如有弄虚作假者必须追究责任。三是要实施环境影响评价制度。农村的开发利用计划，必须通过环境影响评价才能实施。要遵从自然规律，依当地地理条件、资源特点和生态承受能力进行，而不能片面依靠主观动能。农村的各种建设项目，必须通过环境影响评价才能开工。要认真测评建设项目的运行条件、环保水平和对农村生态环境的影响。不经过环境影响评价就开工的，必须接受相关制裁。通过环境影响评价后，要严格按照"三同时"

制度，项目开工的同时运行符合标准的防治污染设施，实行环境保护措施。不得阳奉阴违，违规必究。此外，物质是循环的，农村生态环境系统不是孤立运行的。因此，农村生态环境治理不能囿于农村，某一农村的生态环境治理也不能仅仅关注自身。要形成农村生态环境治理联防联治的制度，在国家综合治理的大氛围中，更有针对性地进行治理。总之，遵从生态环境变化发展规律，不断完善农村生态环境治理的基本制度，这是农村生态环境治理法治化的关键。

**（三）要依法确定农村生态环境治理主体的责任**

县级以上人民政府应该将农村生态环境保护纳入国民经济和社会发展规划，坚持保护优先、预防为主、综合治理、公众参与、损害担责。乡镇政府需要探索、提升农村生态环境治理能力。各级人民政府环境保护主管部门及其委托的环境监察机构和其他负有环境监督管理职责的部门，有权对农村排污企业和个人进行监督检查。农村企业或生产者个人必须明确防止污染和公害的责任，责任落实到人；必须接受政府和公众的监督；必须依法公开污染物名称及排放详情；必须依照法律规定及时采取防止措施。对于危害国计民生的企业和污染者，依法严惩不贷。广大农村居民有权对政府、企业和生产者个人进行监督，有义务节约资源、保护环境。总之，只有从法的高度促使各个治理主体履职尽责，才能结成最广泛的治理联盟，发挥最佳协同效果。

## 二、生态经济建设法治化

生态经济建设是农村生态环境治理的基础，农村生态环境治理法治化要做到农村生态经济建设法治化。

**（一）依法促进经济又好又省发展**

经济建设不能为了经济利益无视或忽视生态环境。通过各种法律法规，为生态经济发展创造良好的环境与条件。表彰先进，对生态环境造成损害的行为进行严惩。在经济的发展目标上，要坚持又好又省地发展。好，指经济质量好、环境保护好；省，指节省资源投入，减少资源排放。经济又好又省地发展，将最大程度地节约资源、保护环境，不断提高经济发展的生态和社会效益。通过不断建立健全法律法规，以及财政、税收、价格和政府采购等措施，可以促进企事业单位和生产者个人节能减排。农业生产要改变过量不科学使用农药和化肥的现象，科学合理使用农业投入品。对于农作物秸秆、农膜等农业废弃物要科学处置，防止农业面源污染。禁止不符合农用标准和环境保护标准的固体废物、废水排入农田、污染环境。农村养殖业要在法律法规规定的范围内选址建厂，对禽畜粪便、污水等进行科学处置。为谋求经济利益而对农村生态环境造成不利影响的要予以惩罚。

### （二）依法促进经济集约增长

发展方式上，要坚持集约增长。集约增长可以减少资源投入、从源头上避免对自然环境的无限制盘剥，从源头上减少排放的数量和规模，并使废弃资源得到循环利用。这就需要依托科学技术的进步、发展循环经济。政府可以设立发展循环经济的专项基金，支持循环经济科技研发，推广示范循环经济技术和产品。摒弃粗放型直线性经济发展方式，通过各种措施推动形成农村"种植—废弃物—养殖—废弃物—种植……"或者"养殖—废弃物—能源—养殖……"循环模式，提高资源的利用率。

### （三）依法发展绿色环境保护产业

发展绿色环境保护产业是生态经济建设的关键，应大力支持能够在废水、废气、废物处理，在环境监测、技术研发、环境事故处理等方面为生产者提供更科学、更专业的设施技术的技术型环境保护产业；大力支持能够促进共生、半生矿产资源综合利用，促进废水、废气、废渣资源综合利用以及再生资源综合利用的技能型环境保护产业；大力支持能够为生产者提供专业化服务、环境咨询的服务性环境保护产业。政府和相关部门要做好规划，因地制宜地发展当地经济，以当地特色经济为依托，形成生态型产业链。

总之，农村生态环境经济法治化，就是在法的引导下，发展致力于促进人与自然和谐共生的经济。在生产、交换、分配、消费各环节，都要坚持人与自然和谐发展，注重生态环境保护，努力为我国农村生态环境治理建设奠定坚实的物质基础，实现二者双赢。

### 三、生态政治建设法治化

生态政治建设是农村生态环境治理的保证，农村生态环境治理法治化要推进生态政治建设法治化。

#### （一）确定党和政府农村生态环境保护目标责任制

推进生态建设法治化，要将人与自然和谐发展理念融入执政党的思想建设、组织建设和作风建设之中，不断提高中国共产党生态建设的能力和水平，在全社会形成典范。政府要树立科学的生态政绩观，确保在谋求经济发展的过程中不会以牺牲绿水青山为代价。将农村生态环境质量作为各级领导干部包括村级"两委"干部考核的标准，依法实行农村生态环境保护目标责任制，对生态环境保护不力的领导干部实行责任终身追究。

#### （二）确立终身学习制度，提升党和政府防范与处理重大环境风险的能力

党政领导干部要不断学习、积累经验、防患于未然，尽可能地预测潜在的环境问题并做到预防在先。对于已经出现和可能出现的生态环境问题，要积极治理并进行源头预防，最大程度地保证人民福祉。对于因生态环境问题导致的各种群体性事件以及社会冲突，要能及时协调解决，确保社会的和谐稳定。

#### （三）要完善公众参与环境治理的制度

公众对农村生态环境治理的参与深度和广度直接关系到农村生态环境治理的效果。这需要：一是改变自上而下的政府环境决策方式，使民众真正成为生态环境治理的主体，成为农村生态环境治理

的主要力量；二是农村企业或生产者个人必须明确防止污染和公害的责任，责任落实到人，必须接受政府和公众的监督，必须依法公开污染物名称及排放详情，依照法律规定及时采取防治措施；三是广大农村居民有权对政府、企业和生产者个人进行监督，保证各方职责落实到位。总之，要用制度为人民群众参与生态环境治理提供各种平台和渠道，为农村生态环境治理营造良好的政治环境氛围，为推动形成"人与自然和谐发展现代化建设新格局"提供科学、有效、有力的制度保障。

### 四、生态社会建设法治化

生态社会建设是人的本质体现与要求。人不仅是自然界的产物，还是对象性的"自然存在物"及对象性的"社会存在物"。自然界是人"需要的对象"，并且是人表现其本质的"不可缺少的、重要的对象"。因此，坚持人与自然和谐相处，就是保护人的母体，就是保护人类自身。推进农村生态社会建设法治化，就是要通过法的约束，努力避免把改造自然作为片面谋求物质收益的手段和渠道，避免人为物所役、避免人自身的异化，最终实现人的全面发展，也就是人与自然和谐发展。

#### （一）要建立健全资源节约制度，构建资源节约型、环境友好型农村

构建资源节约和环境友好型农村，一是要形成废品回收利用制度，尽可能拓宽回收利用领域，减少闲置率以降低农村生态环境污染和破坏。同时，要注意回收质量与效益、效率与安全。二是倡导使用牲畜粪便、人的粪便堆肥。原生态的堆肥原料产生绿色肥料，还能避免化学肥料的负面性，能够为农村生态环境治理提供双重正能量。三是要开发利用沼气和太阳能。使用煤炭是造成农村大气环境污染的主要原因之一，利用沼气和太阳能不仅能够清洁空气，还能够对煤炭等不可再生资源进行科学替代。四是进行农业节水技术

及应用研究，控制用水总量和用水效率，并在功能区限制纳污，落实水资源管理责任制。五是秸秆还田与综合利用。焚烧农作物秸秆不仅浪费资源，还会污染环境。秸秆不仅可以作为肥料，还能制造沼气，作用很多。整个农村社会应形成秸秆还田和综合利用的机制，反对焚烧，鼓励利用。

**（二）形成农村生态环境保护人才培养机制，为农村生态环境治理培育优秀人才**

有什么样的人，就会有什么样的社会。培育坚持人与自然和谐共生理念、具有生态环境保护能力的人，是建设生态社会的根本。因此，生态环境教育要从小抓起、从全民做起，重视家庭、学校、学校的教育连接，形成终身生态教育链条，培育生态人。

**（三）健全脱贫减贫机制，缩小农村贫富差距**

农村之间的贫富差距会导致资源分配不公，导致生态贫穷。村民之间的贫富差距，会导致优质生态产品使用不公。不公会形成恶性循环，进而恶化农村生态环境。通过法治，可以保证农村社会的公平正义，各种手段和措施的应用也可以逐渐缩小个人之间、地区之间、行业之间的差距，避免因贫穷导致的生态危机的出现。

**五、生态文化建设法治化**

生态文化建设能为农村生态环境治理提供思想动力。农村生态环境治理法治化要推进生态文化建设法治化，将人与自然和谐发展理念体现于文化发展的各方面与全过程。

**（一）坚持为自然服务、为人服务的方向，健全生态文化培育制度**

政府应出台法律法规，积极传承中国传统文化中天人合一的文化精髓，并根植于传统文化，弘扬时代创新精神和改革精神，不断提高人民的思想道德素质及科学文化素质，使人民从根本上认识到，人生的最高意义在于精神的富有和追求，而不在于物质享乐；避免生产者掉入"资本的逻辑"之陷阱，做到经济收益和生态收益兼顾；

防止消费者陷入奢侈浪费、无视自然的陷阱，使其积极践行绿色消费、适度消费、健康消费。

**（二）改革文化体制，发挥人民生态文化建设主体作用**

　　文明是人类智慧的结晶，生态文化也是集体智慧的结晶。通过供给侧结构性改革，政府应健全生态文化服务体系，为人民提供广阔的文化舞台，集思广益，使人民成为生态文化创作的主体、生态文化管理的主体、生态文化成果的享有主体。

# 第五章 农村生态环境治理法治化评价 指标体系构建

农村生态环境治理法治化是农村生态环境治理的发展方向，是一个由多种因素综合作用的动态过程。研究农村生态环境治理法治化，应该从定性和定量两个方面展开。前文对于农村生态环境治理法治化的内涵、理论渊源以及理论架构的研究，属于定性研究。本章通过设置评价指标体系将农村生态环境治理法治化程度体现出来，则属于定量研究。

## 第一节 农村生态环境治理法治化指标 体系框架构建

农村生态环境治理法治化具有重要的理论和实际意义。构建农村生态环境治理法治化的指标体系框架，可以检验农村生态环境治理法治化的程度，以评促建，推动农村生态环境治理法治化进程。

### 一、农村生态环境治理法治化指标体系构建原则

构建指标体系是为了反映某一系统的某些方面、某些层次、某些环节在特定条件下的属性特征。农村生态环境治理法治化，以法治引领农村生态环境治理的发展，涉及政治、经济、生态、社会、文化等各个领域，每个领域各有不同的层次和环节，是一个完整的

治理系统。对于这样一个复杂的系统，单个指标的逐一分析不能充分展示这个系统的特性。因此，需要建立一个科学合理而且结构完整、逻辑清晰的指标体系。设置农村生态环境治理法治化指标体系，应该遵循以下原则。

## （一）科学性

指标体系的价值就在于其科学性，农村生态环境治理法治化指标体系要科学反映农村生态环境治理法治化的特性。这就需要在对农村生态环境治理法治化进行全面客观分析的基础上，依据相关理论选取衡量指标，确定各个指标的规定、描述、计算与合成，并依据科学理论来确定各个指标的权重。遵循科学性原则，可以体现农村生态环境治理法治化指标体系的科学性。

## （二）系统性

农村生态环境治理法治化是一个完整的生态系统，其指标体系的建立要符合系统性原则。农村生态环境治理法治化系统由多个要素构成，各个要素之间又具有密切的联系，需要进行良好的配置。要素之间的关系在整个指标体系中表现为指标之间的关系，要素与整个生态系统的关系表现为各个指标与整个指标体系的关系。因此，遵循系统化原则，可以体现农村生态环境治理法治化指标体系的系统性。

## （三）动态性

农村生态环境治理是一个动态发展的过程，既需要解决已经发生的问题，也需要注意潜在的问题。因此，农村生态环境治理法治化也是不断发展和变化的：农村生态环境治理法治化既是治理的过程，也是治理的方向。在设置指标体系的过程中，要充分体现农村生态环境治理法治化的现状，以便寻找差距和不足；同时，也要保持指标体系的相对稳定性，以把握农村生态环境治理法治化的整体发展趋势。遵循动态性原则，可以充分表明农村生态环境治理法治化动态发展的特点。

### （四）可操作性

构建农村生态环境治理法治化指标体系的目的是测评农村生态环境治理法治化的程度，促使农村维护优美的生态环境。因此，在设置指标体系时，不仅要考虑科学性，还要考虑其可操作性。这就要求我们既要高瞻远瞩地进行设计，又要立足当前实际，要设置能够获取的指标来构建农村生态环境治理法治化指标体系，对于不能直接获取数据的指标，要采取相关的间接指标取代，以便在实践中操作执行。

### （五）前瞻性

我国农村的生态环境治理法治化刚刚起步，无论是生态经济、生态政治、生态文化，还是生态社会，其发展程度都与预期相差甚远，生态环境质量更是面临着污染严重、生态失衡、资源短缺等诸多现实问题。但是，评价指标体系不能因为目前的差距和问题而放低标准。此外，一些指标的获得相对比较困难，还需要高水平技术的支撑、更有力政策的保障以及高级人才的支持。同样，不能因为指标难以获得而忽视之。无论获得指标有多么困难，只要是真正有利于农村生态环境治理实践的、真正能够衡量农村生态环境治理法治化水平的核心指标，都必须采用。由此可见，农村生态环境治理法治化指标体系具有前瞻性，是对农村生态环境治理法治化程度的美好规划和预期。

### （六）普遍性

推进农村生态环境治理法治化是为了维护优美的农村生态环境。而优美的生态环境不能仅限于某个农村，而是对所有农村的目标预设。无论是处于中国的哪一区域，无论是以种植业为主、以养殖业为主，还是以旅游业为主，农村居民乃至中国全体人民对于生态环境质量的基本期望都是相同的。因此，农村生态环境治理法治化指标体系的设定应充分考虑到农村整体，在指标选取上以具有通用价值的指标为重。本书设定的农村生态环境治理法治化指标体系是具有普遍测定意义的通用评价体系。

## 二、农村生态环境治理法治化指标体系的总体框架

### （一）农村生态环境治理法治化指标选择

农村生态环境治理法治化，并非僵化保守、充满条条框框的法治化，而是一个开放包容的生态系统。在这个系统中，各个因素彼此联系、相互作用。其中有一些因素，能够说明农村生态环境法治化发展程度或者对农村生态环境治理法治化产生重大影响。这些因素就是构建农村生态环境治理法治化指标体系时必须选取的指标。能够直接说明整个指标体系的因素称为显示性指标，表明农村生态环境治理法治化发展程度和预期实现结果。对整个指标体系产生重大影响的指标称为分析性指标，表明农村生态环境法治要素与各种相关因素的相互关系，阐释出农村生态环境治理法治化的发展环境（或者发展条件、发展保障）以及发展潜质。

理论上，构建农村生态环境治理法治化指标体系，需要选择好显示性指标和分析性指标。立足于农村生态环境治理法治化理论提出的现实基点，显示性指标应该是能够一目了然地掌握农村生态环境治理法治化程度，阐明农村生态环境治理法治化的内核的指标。分析性指标亦是农村生态环境治理法治化不可或缺的指标，一方面其是农村生态环境治理法治化的重要组成部分，另一方面从侧面分析说明农村生态环境治理法治化达到某一程度的原因，如何才能实现预期目标的指标。在整个指标体系中，由于所处的位置和层次不同，显示性指标与分析性指标的层次也比较明晰。例如，对于农村生态环境治理法治化总系统来说，农村生态经济发展水平是其分析性指标。而对于农村生态经济发展质量子系统来说，农村人均绿色GDP 则是其显示性指标，经济增长方式和产业结构是其分析性指标。尽管由于角度的不同，分析性指标和显示性指标时有交错，但基于重要的研究目的，显示性指标和分析性指标是相对稳定的。立

足农村生态环境治理法治化的内涵和特点，显示性指标要围绕农村自然生态环境要素而选取；分析性指标则需从政治、经济、文化、社会等方面来选取。

在实际过程中，对农村生态环境治理法治化指标体系指标的选取可以采取如下方法：首先，从概念出发，基于农村生态环境治理法治化内涵确定显示性指标；按照系统相关性原则，基于生态学原理确定分析性指标。其次，征询专家学者和相关人士意见，对所选取指标进行精炼。对有遗漏的指标进行补充，对繁冗的指标进行剔除。最后，确定能够科学准确反映农村生态环境治理法治化程度的指标，为构建科学、系统、动态发展的指标体系奠定基础。

总体上，农村生态环境治理法治化的显示性指标为农村生态环境法治。农村生态环境治理法治化的提出与推进都是围绕着治理农村生态环境，表明了农村生态环境法治是农村生态环境治理法治化效果的核心要素。基于此，农村生态环境法治指标是农村生态环境治理法治化的显示性指标，表明农村生态环境治理法治化的实现程度。在农村生态环境法治化进程中，生态环境法治的发展水平与生态经济、生态政治、生态文化、生态社会发展水平相互促进、密切相关。这实际反映出"法治与绿色发展""法治与人治""法治与德治""法治与社会变革"的关系。基于此，农村生态环境治理法治化的分析性指标包括生态经济指标、生态政治指标、生态文化指标以及生态社会指标。

## （二）农村生态环境治理法治化指标体系框架

指标是单一的要素，指标体系是要素的集合。构建指标体系，不仅能够反映农村生态环境治理法治化在某些方面、某些层次、某些环节的属性特征，还能够概览全局，从整体上把握农村生态环境治理法治化的特点与趋势。依据相关理论，参照已有研究成果并充分考虑专家学者和相关人士意见，农村生态环境治理法治化指标体系可由四个层次、三级指标构成。

## 1. 目标层

农村生态环境治理法治化指标体系的目标层即农村生态环境治理法治化水平，具体由 5 个分系统构成。

## 2. 分系统层

农村生态环境治理法治化指标体系的分系统层即目标层所含的 5 个分系统，即 5 个一级指标。具体包括：农村生态环境法治、农村生态经济水平、农村生态政治水平、农村生态文化水平、农村生态社会水平。生态环境法治是农村生态环境治理法治化的显示性指标。生态环境法治表明的是生态环境法治化所面临的现状以及要达到的预期状态，农村生态经济水平、农村生态政治水平、农村生态文化水平、农村生态社会水平则是影响农村生态环境法治的要素。只有在法治的引领下，大力推进农村生态经济、农村生态政治、农村生态文化、农村生态社会建设，才能提升农村生态环境法治水平，提升农村生态环境治理实效。

## 3. 子系统层

农村生态环境治理法治化指标体系的 5 个分系统层共包括 14 个二级指标，即 14 个子系统。具体而言，农村生态环境法治指标包括：农村生态环境法治体系、水生态环境质量、大气生态环境质量、土壤生态环境质量。农村生态经济水平指标具体包括：经济发展质量、经济增长方式、产业结构。农村生态政治水平指标具体包括：政府生态环境保护职能、农村居民参与环境治理。农村生态文化水平指标具体包括：居民生态文化素质、生态文化服务体系、生态文化影响力。农村生态社会水平指标具体包括：农村人居环境、人际关系。共计 14 个。

## 4. 指标层

农村生态环境治理法治化指标体系中，14 个子系统由 32 个具体指标构成，即 32 个三级指标。具体包括农村生态环境治理法律法规数、农村生态环境治理法律专业人员数、地表水水质达标率、地下水水质达标率、人均水资源拥有量、土壤污染程度、人均耕地水平、全年空气污染指数（API）优良天数（天）、人均绿色 GDP、单位 GDP 能耗、单位 GDP 水耗、科技对经济增长的贡献率、第三产业占 GDP 比重、生态环保产业占 GDP 比重、政绩考核中环境考核的比重、公职人员生态环境责任追究率、农村居民参与渠道、农村居民参与广度、农村居民参与深度、农村居民生态文化普及率、学校生态教育课程比重、人均生态书籍占有度、生态文化事业投入比重、互联网入户率、年生态文化媒体宣传次数、年乡村入境旅游次数、生活垃圾无害化处理率、生活污水处理率、人畜粪便处理率、绿化程度、当地居民与外来人口关系、邻里关系等。

### 表 5.1　农村生态环境治理法治化评价指标体系

| | 一级指标 | 二级指标 | 三级指标 |
|---|---|---|---|
| 农村生态环境治理法治化水平 | 农村生态环境法治 | 农村生态环境法治体系 | 农村生态环境保护法律法规数 |
| | | | 农村生态环境治理法律专业从业人员数 |
| | | 水生态环境质量 | 地表水水质达标率 |
| | | | 地下水水质达标率 |
| | | | 人均水资源拥有量 |
| | | 土壤生态环境质量 | 土壤污染程度 |
| | | | 人均耕地水平 |
| | | 大气生态环境质量 | 全年空气污染指数（API）优良天数（天）（无风天气） |
| | 农村生态经济水平 | 发展质量 | 人均绿色 GDP |
| | | 增长方式 | 单位 GDP 能耗 |
| | | | 单位 GDP 水耗 |
| | | | 科技对经济增长的贡献率 |
| | | 产业结构 | 第三产业占 GDP 比重 |
| | | | 生态环保产业占 GDP 比重 |

| | 一级指标 | 二级指标 | 三级指标 |
|---|---|---|---|
| 农村生态环境治理法治化水平 | 农村生态政治水平 | 政府生态环境保护职能 | 政绩考核中环境考核的比重 |
| | | | 公职人员生态环境责任追究率 |
| | | 农村居民参与环境治理 | 农村居民参与渠道 |
| | | | 农村居民参与广度 |
| | | | 农村居民参与深度 |
| | 农村生态文化水平 | 农村居民生态文化素质 | 农村居民生态文化普及率 |
| | | | 学校生态教育课程比重 |
| | | | 人均生态书籍占有度 |
| | | 生态文化服务体系 | 生态文化事业投入比重 |
| | | | 互联网入户率 |
| | | 生态文化影响力 | 年生态文化媒体宣传次数 |
| | | | 年乡村入境旅游次数 |
| | 农村生态社会水平 | 人居环境 | 生活垃圾无害化处理率 |
| | | | 生活污水处理率 |
| | | | 人畜粪便处理率 |
| | | | 绿化程度 |
| | | 人际关系 | 当地居民与外来人口关系 |
| | | | 邻里关系 |

# 第二节　农村生态环境治理法治化各指标
# 体系界定和计量方法

科学评价农村生态环境治理法治化程度，需要对各个具体指标的内涵以及计量方法进行界定。本节以上述评价指标体系框架为基础，对 5 个分系统（14 个子系统）及其所包含的指标进行说明。

## 一、农村生态环境法治指标体系

农村生态环境法治指标体系是反映农村生态环境治理法治化程度的核心指标集。农村生态环境法治首先要有健全的生态环境治理体系，这既要求有健全的法律制度，同时也对执法人员的专业素质和水平提出了硬性要求。其次，农村生态环境法治效果需要以农村生态环境质量去检验，这实际体现的是农村生态环境法治的治理能力。归根结底，法的效果最终体现于农村生态环境质量，主要包括农村水生态环境质量、土壤生态环境质量、大气生态环境质量。这也是科学立法、严格执法、公正司法和全民守法能否落实到位的真实映照。

### （一）农村生态环境法治体系

法治是治国理政的基本方略，也是农村生态环境治理的坚实保障。严格的法治，不仅可以从思想层面对破坏环境的行为进行调控，也可以从实践方面对破坏环境的行为进行最强有力的约束。农村生态环境法治体系首先应该要有法可依，这就需要专业法律人员进行科学立法和民主立法，为严格执法、公正司法和全民守法奠定基础。

衡量指标 1：农村生态环境保护法律法规数。农村生态环境保护法律法规是专门针对农村生态环境而制定的。要制定完善农村生态环境质量标准制度，包括水生态环境质量标准、土壤生态环境质量标准和大气生态环境质量标准。要健全农村生态环境监测制度，为农村生态环境制定出台科学合理的监测规范。要实施环境影响评价制度，保证农村的开发利用计划不会对农村生态环境造成破坏。还要针对禽畜粪便处理、农村生活垃圾处理、农业生产废弃物处理以及城市垃圾向农村转移的问题制定相应的法律法规。这些法律法规针对性强，对农村生态环境问题的解决、推进农村生态环境治理极为重要。

衡量指标 2：环境法律专业人员数。人是推进农村生态环境法治的主体，而治理主体的环境法律素养的高低则影响着法治的成效。无论是立法、执法、司法还是守法，都离不开环境法律专业人员。环境法律专业人员包括律师、环保局行政执法人员以及与农村生态环境保护相关的其他人员等。具备专业环境法律人员资质的人数是农村生态环境法治的重要衡量指标。

## （二）农村水生态环境质量指标体系

水是由氢和氮组成的无机物。自然状态下，水是无毒无色无味的，既是生命之源，也是重要的生产资源。农村生态环境法治成效如何，需要考察农村水生态环境质量，主要可以从地表水水质和地下水水质两个方面衡量。

衡量指标 1：地表水水质达标率。地表水即陆地水，是农村水资源的重要组成部分，主要包括河流、湖泊。自然条件下，农村地表水中的污染物有其最大容许限制。在农村生态环境治理过程中，应该综合农村地表水的各种环境功能（如饮用、灌溉等），制定完善的农村地表水水质标准，确定地表水污染物浓度限值。具体而言，包括水温、pH 值、化学需氧量以及氨氮、镉、铅、汞、高锰酸盐指数等一些反映农村地表水污染的主要污染指标。按照各种指标的实际限值将地表水水质分为 5 级，达到一级为优质，二级为良好，三级为一般，三级以下不达标。

衡量指标 2：地下水水质达标率。地下水是存于地表以下的重力水，主要包括泉水、井水等，也是农村水资源的重要组成部分。地下水虽然深处地表之下，但是由于现代化实践的深入影响，农村地下水的有机污染亦极为严重，某些元素已经超过水生态环境能容许的限值。因此，尽管地下水水质数据较难测得，但却是检验农村水生态环境质量不能忽视的指标。要综合考虑农村总体的生态环境情况并依据国家相关质量标准，制定完善的农村地下水质量标准。

地下水水质也可依据 pH 值、$NH_3$-N、硝酸盐、亚硝酸盐、硫、汞、镉、铅、碘、氟、砷、铁等指标划分为 5 级，达到一级为优质，二级为良好，三级为一般，三级以下不达标。

衡量指标 3：人均水资源量。水是自然界赋予人的生存之源。农村生态环境治理要保证农村居民能够拥有生命延续的自然条件，保证人均水源达到安全标准。人均水资源拥有量的计算方法为水资源总量与农村总人口的比值。

### （三）农村土壤生态环境质量

土壤是自然界的重要组成部分，更是现代化需要的重要资源。土壤生态环境质量关系到国家的粮食安全和生态安全，是农村生态环境法治成效的重要衡量方面。

衡量指标 1：土壤污染程度。土壤的主要成分为矿物质、有机质、微生物、水分以及空气等。自然条件下，矿物质能够为作物提供养分，有机质含量的高低则是土壤肥力的衡量尺度。土壤中的微生物形成了一个生态圈，各种有益生物和有害生物相互联系和制约，维系着土壤的生态平衡，对农作物生长具有重要影响。如同其他生命体一样，土壤还离不开一定的水分和空气。在现代化实践中，农村土壤的污染已经成为不可忽视的问题。衡量土壤污染程度，重点是衡量土壤中污染物以及农业化学投入品的残留；同时，还需对土壤有机质含量、微生物状况以及水分等进行测定。土壤污染程度越高，农村生态环境治理法治化效果越低；反之，则是我们追求的目标。

衡量指标 2：人均耕地水平。耕地是能够种植作物的土地，是农村特殊的土地资源。耕地不仅具有重要的生态功能，也是保障整个国家粮食安全的重要资源。一般的，人均耕地水平应该由人均耕地面积和耕地质量组成。人均耕地面积的计算方法为耕地总量与总人口的比值。人均耕地质量则可依据上述土壤质量指标予以测得。

### （四）农村大气生态环境质量

大气是自然赋予人类维持生命的气体，大气质量与人的身心健康息息相关，是农村生态环境法治成效不容忽视的重要方面。农村大气生态环境质量可以通过一年中优质空气达标天数予以衡量。

衡量指标：空气达标天数。空气（也即常规意义上的"大气"）的主要成分为氮气（约占 78.09%）和氧气（约占 20.95%）。在自然状态下，空气是无色无味的，成分也是相对固定的。近年来，由于污染日趋严重，农村的空气成分发生了极大的改变，一氧化碳、二氧化硫、二氧化氮等有害气体以及各种粉尘、金属尘、湿雾等大量进入空气，成为挥之不去的顽疾。有的乡村，空气中不仅弥漫着二氧化硫或者其他有害物质的气味，有时亦因雾霾的发生导致空气颜色呈现浓重的灰色或者黄色。测量农村空气质量优劣，需要依托一定的专业设备进行科学测定。具体说来，主要应该测定空气中的二氧化氮、臭氧、二氧化碳、一氧化碳、二氧化硫、细颗粒物（pm2.5）、可吸入颗粒物（pm10）等比重，以确定大气生态环境质量是否达标。需要说明的是，无风天气的空气质量与有风天气的空气质量相差较大。在测定计算空气质量良好的天数时，应该以无风天气为基数折合比例。

### 二、农村生态经济水平指标体系

农村生态经济水平指标体系是反映农村生态环境法治化程度的重要指标集，将生态经济作为农村生态环境治理法治化的分析性指标，体现的是"绿色发展"与"法治"的关系。生态环境恶化的重要原因是在发展经济的过程中忽视环境保护，在现代化的过程中片面注重经济因素而忽视生态因素。发展生态经济就是要将经济与环境因素联系起来，遵从经济规律和生态规律推动实现经济绿色发展。绿色发展需要生态环境法治予以保障，生态环境法治的发展也离不开经济的绿色发展。离开绿色发展谈生态环境法治，就失去了物质基础和根基。生态环境法治必须建立在绿色发展的基础之上，即发展生态经济的基础之上。农村生态经济水平的高低直接关系到农村生态环境法治程度的高低。农村生态经济水平是农村生态环境法治化的重要分析性指标。

## （一）农村经济发展质量

马克思主义认为，经济发展是社会发展的物质基础，能够避免"极端贫困的普遍化"①。发展生态经济要致力于提升经济发展水平、为社会发展奠定坚实的物质基础。因此，可以以农村人均绿色 GDP 为农村经济发展质量的衡量指标。

衡量指标：农村人均绿色 GDP。GDP 是衡量经济发展状况的常用指标，无论是传统的非生态的经济发展，还是生态型的经济发展，都要重视 GDP。但是，与非生态经济不同，生态经济注重绿色 GDP。所谓绿色 GDP，就是去除自然资源使用和环境退化所产生的成本后的 GDP。基于此，农村人均绿色 GDP 可以用农村区域在一个核算期内（通常是 1 年）实现的除自然资源使用和环境退化所产生的成本之外的国内生产总值与中国农村的常住人口的比值进行计算。此指标能够充分显示农村生态经济发展水平，是非常重要的指标。

## （二）农村经济增长方式

经济增长方式关乎生态经济发展质量，更关乎农村生态环境质量。粗放型的经济增长方式经济效率低下，对生态环境造成极大破坏。只有通过法律法规促使形成科学合理的经济增长方式，才能提升经济发展质量，保护生态环境。

衡量指标 1：单位 GDP 能源用量。单位 GDP（万元）能源用量是表明农村生态经济发展的重要指标，用一次能源供应总量与农村生产总值（GDP）的比值进行计算。农村经济增长方式由粗放型向生态集约型转变，就需要不断降低能源使用强度。单位 GDP 能源使

---

① 马克思恩格斯选集：第 1 卷 [M]. 北京：人民出版社，1995：86.

用量越高，经济增长方式的生态转型程度越低；反之，经济增长方式的生态转型程度越高。降低能源使用强度，意味着能源效率的提高，也意味着能源的节约利用。这就需要通过制定和完善法律法规，推广使用生态环保技术，优化能源结构，在经济现代化过程中减少排放，提升生态环境质量。

衡量指标 2：单位 GDP 水耗。单位 GDP（万元）水耗用量是表明农村生态经济发展的重要指标，是用水总量与农村生产总值的比率。农村水资源紧缺，加上浪费和污染严重，单位 GDP 水耗必须大幅度降低。通过法治降低单位 GDP 水耗，既是节约水源的重要举措，也是农村生态环境治理的重要举措。

衡量指标 3：科技对经济增长的贡献率。科技是现代化的推动力，生态环境问题的产生与不当使用科学技术关系密切，其解决亦应依靠科学技术的科学使用。科技对经济增长的贡献率，是指对生态环境保护有利的科技在产出过程中所占的比重，反映了经济增长中技术运用的重要作用。科技对经济增长的贡献率（%）的计算方法为技术进步速度与产出增长速度之比。科技对经济增长的贡献率越高，则经济增长方式愈加集约生态；反之，则相对粗放。

### （三）农村产业结构

产业结构是否合理，是衡量生态经济水平的重要方面。从产业发展趋势和生态环保需求看，大体上呈现为第一产业比重下降、第三产业比重上升的结构变化趋势；而在各个产业内部，生态环保产业应该成为重点，带动三次产业内部及三次产业之间协调发展。基于此，具体衡量指标有二。

衡量指标 1：第三产业占 GDP 比重。第三产业一般指服务业，以不生产物质产品为主要特征，有利于节约资源和生态环境保护。在第一、第二产业健康发展的条件下，第三产业占 GDP 比重越高，生态经济水平越高。

衡量指标 2：生态环保产业比重。在生态经济发展过程中，无论是第一产业、第二产业还是第三产业，都离不开生态环保产业这个新兴的引擎。生态环保产业的发展不仅能够增加国民收入，还对生态环境保护、治理和修复极为重要。因此，生态环保产业产值在GDP中的比重应该得到重视。在农村经济整体健康发展的前提下，生态环保产业产值占GDP的比重越高，越有利于农村生态环境保护。

### 三、农村生态政治水平指标体系

农村生态环境问题的产生与政府未能充分发挥生态环境保护职能密切相关。因此，在农村生态环境治理法治化过程中，必须发展生态政治，即站在人与自然和谐发展的立场上，将政治与环境联系起来，"变革政治价值观、政治思维和政治活动"[①]。将生态政治作为农村生态环境治理法治化的分析性指标，也反映了"法治"和"人治"的关系。农村生态环境治理需要避免依据某个领导人单纯按个人主观意志决定环境政策或者导致环境政策朝令夕改的"人治"现象，依据科学、合理、稳定的法律法规进行"法治"。实际上，法治的主体依然是人，所以法治本质上依然是"人治"，只不过此处的"人"意指集体，是公民大众。领导人只是民众中的领导者或者先驱，其带头制定的环境政策必须符合民众意愿。所以，法治归根到底要落实到人，是符合人民大众意愿的人治。农村生态环境治理法治化必须处理好"法治"与"人治"的关系。依法发展生态政治就是促进健康的"人治"，生态政治水平越高，农村生态环境治理法治化程度越高。

### （一）政府生态环境保护职能

政府在现代化过程中忽视生态环境保护职能，是生态环境恶化的重要原因。为此，改变唯GDP观，以改革政府绩效评价标准为准

---

① 肖显静. 生态政治——面对环境问题的国家抉择 [M]. 太原：山西科学技术出版社，2003：17.

绳，督促政府肩负起生态环境保护重任，是发展生态政治的重要任务。

衡量指标 1：政绩考核中环境考核的比重。生态环境状况应与公职人员政绩考核标准挂钩。片面以经济收益为考核政绩的标准，会引导公职人员忽视生态环境保护甚至无视生态环境利益。只有将生态和经济协同起来，并且坚持生态环境保护优先的原则，在考核中加大环境考核的比重，才能改变公职人员的不当行为导向。

衡量指标 2：公职人员生态环境责任追究率。政绩考核是常规性的工作，生态环境责任追究则应该是在常规工作之上的常规。无论是在职还是离职、在岗还是退休，生态环境责任追究要成为生态环境治理进程中的新常态。是否坚持法律面前人人平等、违法必究，关键要看生态环境责任追究率；是否能够真正花大力气保护农村生态环境、为人民谋福祉，关键也要看生态环境责任追究率。

### （二）农村居民参与环境治理

公民参与政治是政治发展的表现，农村居民参与生态环境治理是发展生态政治的要求。农村居民是农村环境保护的主体力量，农村居民的参与程度和参与效果直接关系到农村生态环境保护的程度。发展生态政治必须改变自上而下的环境决策方式，通过法律赋予民众农村生态环境治理的权利和义务，通过制度保障民众参与农村生态环境治理决策的权利，保障民众对政府、企业和生产者个人进行监督的权利，用法律制度约束民众行为，促使其节约资源、保护环境，真正成为推进农村生态环境治理法治化的主体力量。

衡量指标 1：农村居民参与渠道是否畅通。渠道畅通、信息公开是农村居民参与环境治理的前提。这一衡量指标主要根据相关制度是否健全、各种平台是否完备来确定。

衡量指标 2：农村居民参与广度。真正的参与是普遍性的人人参与（或者是应有范围内的普遍性参与），而不是个别人的参与。即使代表参与，其意见和建议也要获得广大居民的支持。此外，真正的参与还要涉及农村生态环境保护的各个方面，而不是某一方面。全面而广泛的参与才具有意义。要根据网络记录、书面记录、问卷访谈等来确定参与主体数量和质量、参与范围。农村居民参与广度要根据两个方面的比值确定：参与人数与农村居民总人数的比值，参与次数与环境决策总次数的比值。

衡量指标 3：农村居民参与深度。有效的参与在于农村居民的参与是否是自觉参与和自主参与。这既是生态环境保护意识的体现，也是参与实效的体现。在渠道畅通和信息对称的前提下，公民的自主参与能够改变政府单一的、自上而下的环境决策方式，积极发挥群体力量和智慧，为农村生态环境治理法治化增强动力。这一指标可以通过访谈、文献查证等方式获得。农村居民参与深度体现为自主参与人数与参与总人数的比值。

### 四、农村生态文化水平指标体系

文化属于软实力。生态文化发展质量，是农村生态环境治理法治化是否强劲有力的思想引擎。将生态文化水平作为农村生态环境治理法治化的分析性指标，反映的是"法治"与"德治"的关系。道德是内心的法律，法律是成文的道德。德治与法治要结合起来，更好地推动农村生态环境治理法治化。无论是经济利益的驱使，还是政府农村生态环境保护职能的不到位，其思想根源都在于人与自然和谐发展观念的缺失。这是一种生态文化的缺失，也是"德治"的缺失。因此，推进农村生态环境治理法治化，必须牢固树立人与自然和谐相处的生态文化观念，以法治人、以德服人，德法结合。

### （一）居民生态文化素质

农村居民的生态文化素质包括生态环保意识、科学发展意识、绿色消费意识等。素质的衡量比较难以把握，主要通过以下三个具体指标进行量化衡量。

衡量指标 1：农村居民生态文化知识普及率。农村居民重视生态环境保护，离不开生态文化知识作为动力支撑。可以说，生态文化知识普及是发展生态文化的必要条件。农村居民生态文化普及率的测定可以采用口试或笔试答题的方式进行。普及率体现为考试及格者与参考总人数的比率。

衡量指标 2：学校生态教育类课程比重。学校是宣传、普及生态文化知识的主要阵地。农村学校中生态教育类课程占总课程类的比重能够反映出生态教育的受重视程度，也能在一定程度上反映出作为治理主体的农村居民生态文化素养的高低。

衡量指标 3：人均生态书籍占有度。书籍是生态文化传播的重要载体。即使是在网络信息时代，书籍的作用也不能忽视。书读百遍，其义自见。一本好的生态文化书籍，可以改变一个人的人生轨迹，可以为农村生态环境带来重大生机。农村人均生态书籍的占有度是生态文化知识普及的重要指标。

## （二）生态文化服务体系

发展生态文化，需要公共部门提供各种服务，包括公共的生态文化设施、资金支持、技术和政策保障等。对于生态文化服务体系的评价，考虑到农村生态环境治理的实际需要以及可量化因素，主要可以从生态文化事业资金投入比重、互联网入户普及率两大方面加以衡量。

衡量指标 1：生态文化事业资金投入比重。无论是提供生态文化设施，还是提供生态文化公共产品，都离不开资金的支持。政府对农村生态文化事业资金投入的多少，关系到服务质量的高低，也是生态文化发展壮大的保证。生态文化事业投入占财政总投入的比重越高，说明公共部门的支持和服务力度越大；反之，则越小。

衡量指标 2：农村互联网入户率。现代化时代是信息化时代。互联网作为一种强大信息化工具，必将在发展生态文化乃至整个农村生态环境治理法治化进程中发挥巨大作用。利用互联网，每个人都可以成为一个小小的媒体，生态文化的宣传和培育就有了更广的平台。利用互联网，每个信息的接受者同时又都可以是信息的发布者，从而使得生态文化更具辐射力。在有效的网络秩序下，互联网入户率越高，越有利于生态文化发展；反之，则不利于生态文化的发展。

### （三）农村生态文化影响力

文化的生命力在于传承和影响。通过各种渠道和平台，将农村生态文化发扬光大，不仅能够获得经济收益，亦能获得生态收益，实现经济与环保双赢。

衡量指标 1：年生态文化媒体宣传次数。媒体宣传是农村生态文化走向外界的重要渠道。农村生态文化宣传次数越多，影响力越强。影响力越强，则宣传次数也会增加。以年为单位，涵盖书籍、电视、报纸、网络等各种媒体对农村生态文化的宣传次数，是衡量农村生态文化影响力的一大指标。

衡量指标 2：年乡村生态旅游次数。旅游是反映和扩大农村生态文化影响的又一重要渠道。游客因为喜欢当地农村的生态文化而到访，从而扩展农村生态文化传播路径。年乡村生态旅游次数多，则表明农村生态文化具有较高的吸引力和影响力；反之，则表明农村生态文化影响力不强。

### 五、农村生态社会水平指标体系

人是社会的因子，社会是由人组成的。发展生态社会，就是要改变人对自然的不当行为，改变人与人之间不和谐的关系，促进人与自然的和谐发展。将农村生态社会水平作为农村生态环境治理法治化的分析性指标，反映了"法治"与"社会变革"的关系。工业社会，人以谋求经济利益为己任，忽视自然的价值、蔑视法律的存在，对自然造成了不可逆的破坏。推进生态环境法治，就是通过法的强制性，促使人成为生态人，促使工业社会转向生态文明新时代。从人的本质的意义上来说，发展生态社会，实际上是要发展具有生态意识和生态行为的人。推进农村生态环境治理法治化，离不开具有生态意识和生态行为的人，这必然需要一场伟大的社会变革。

## （一）农村人居环境

人居环境的好坏与农村居民个人的行为密切相关。在社会生活中，居民能否正确处理生活垃圾、生活污水以及人畜粪便，实际表明的是人对自身所处环境、人对自然的珍爱程度。

衡量指标 1：生活垃圾无害化处理率。生活垃圾的随意堆放会破坏农村人居环境，不利于农村生态环境，也不利于人的身体健康。美化人居环境，要做到生活垃圾无害化处理。生活垃圾无害化处理率体现为生活垃圾无害化处理量与生活垃圾总量的比率。无害化处理率越高，则人居环境越好；无害化处理率越低，则人居环境越差。

衡量指标 2：生活污水处理率。生活污水的直接排放会导致水源污染、土壤污染，甚至空气污染。生活污水处理率为农村生活污水处理总量与生活污水排放总量的比率。生活污水处理率越高，则农村人居环境越好；反之，则越差。

衡量指标 3：人畜粪便利用率。人畜粪便是能够利用的资源。在农村，其可以用来发展沼气或是成为农业生产的肥料。人畜粪便利用率为农村人畜粪便利用总量与排放总量的比率。人畜粪便利用率越高，则农村人居环境越好；反之，则越差。

衡量指标 4：村庄绿化率。村庄绿化是指通过种植乔木、灌木以及草本植物等实现村庄的绿色植被覆盖。植物通过光合作用释放氧气、吸收二氧化碳，能够净化空气、美化村庄。绿化村庄是人类对自然环境进行的善举。村庄绿化率是绿色植被覆盖面积与村庄总面积的比率。村庄绿化率与人居环境美丽度呈正相关。

## （二）人际关系

在社会生活中，当地人口与外来人口能否有效融合，邻里关系是否融洽，反映了人与人之间的和谐程度，实际上表明的是人与自然的和谐程度。

衡量指标 1：当地居民与外来人口和谐度。农村外来人口意味着对当地农村土地资源的占用，意味着对当地经济市场份额的占有，实际上与当地居民形成了某种程度上的竞争关系。当地居民与外来人口能否融洽相处，需要双方立足大局，实现人与自然的真正和解。当地居民与外来人口和谐度可以通过当地居民与外来人口纠纷次数概算。纠纷越少，则和谐度越高。和谐度越高，则越能够在生态环境保护过程中齐心协力，对农村生态环境治理越有利。

衡量指标 2：邻里关系和谐度。邻里关系也是一种重要的社会关系。邻里之间涉及宅基地占用、牲畜豢养、公共街道卫生等问题，还涉及消费水平差距等问题。不贪私利、不进行攀比、适度消费，才能保持邻里和谐，也关系到农村生态环境保护成效。邻里关系和谐度也可以通过纠纷次数概算。邻里纠纷次数与和谐度呈负相关。

# 第三节　农村生态环境治理法治化评价方法

农村生态环境治理法治化指标体系是对农村生态环境治理法治化的定量分析，从生态环境环境法治、生态经济水平、生态政治水平、生态文化水平、生态社会水平五个方面反映了农村生态环境治理法治化程度。运用此指标体系对农村生态环境治理法治化进行具体的评价，需要根据各个指标的重要性确定其权重，然后运用适当方法对数据进行处理，再建立评估模型，并依据模型将各个指标值进行汇总合成，以得出农村生态环境治理法治化程度的高低。

## 一、农村生态环境治理法治化指标权重的确定

对农村生态环境治理法治化进行多系统多指标的综合评价，必须首先依据各个指标的重要性为其赋予权重。在农村生态环境治理

法治化评价体系这一系统中，各个指标作用不同，重要性也不同。权重表明了各个指标在整个系统中的重要程度和影响度。为指标赋予科学合理的权重，是对农村生态环境治理法治化进行正确评价的基础性工作。

科学合理地确定指标权重，需要恰当的方法。一般而言，权重确定方法可以划分为客观法和主观法两类。客观法是根据指标在整个体系中的实际作用来确定权重，通过熵值分析、聚类分析、主成分分析或者判别分析等方法，对指标的实际作用进行客观判断。主观法主要依据专家调查、层次分析、循环评分等方法进行赋权，受评估者自身主观重视度影响很大。在哲学意义上，主观分析评判法与客观分析评判法具有内在的一致性，因为主观判断需要具有一定的客观依据，而客观评判也需要主观的因素。在具体使用过程中，可以将主观和客观结合起来，能够避免采用单一方法而出现的偏颇，尽力使指标赋权做到科学合理。

农村生态环境治理法治化的实践与理论研究在我国刚刚起步，很多问题都处于探索和研究阶段，缺乏成熟定型的经验借鉴；同时，对于研究者自身来说，采用客观分析需要很高的专业水准。为保证指标赋权的相对科学合理，可以采取专家调查法对农村生态环境治理法治化指标进行赋权。来自专业领域的专家学者，能够凭借自身研究积累和专业知识底蕴，在对各种指标进行客观分析的同时，给出自己的判断。综合多位专家学者的意见，则能从更广泛的基础上得出较为客观的结论。具体方法如下：

首先，由选定的专家学者对农村生态环境治理法治化指标体系进行分析，对各个指标进行初次赋权。

其次，匿名记录选定专家学者初次赋权的结果，将结果提供给各位专家作为参照，由专家们再次予以精确赋权。为保证专家能够做到精确赋权，需要预先给定一个"精度"，即允许赋权结果间存在一个相对偏差。这个相对偏差的作用就是对专家意见的集中程度、离散程度以及协调程度进行检验。通过相对偏差的计算，为专家修正赋权提供辅助。

以 $K$ 代表专家人数，以 $i$ 代表专家第 $i$ 次赋权，$m_{ik}$ 为第 $k$ 位专家第 $i$ 次对农村生态环境治理法治化指标进行赋权的结果。则 $\overline{m}$ 代表全体专家第 $i$ 次为农村生态环境治理法治化指标赋权的平均值，$M$ 代表离差最大值，公式如下：

$$\overline{m} = \frac{1}{K}\sum_{k=1}^{k} m_{ik}, \ M = \max\left|m_{ik} - \overline{m}_i\right| \tag{1}$$

以 $d_{ik}$ 代表相对偏差，其公式为：

$$d_{ik} = \frac{m_{ik} - \overline{m}_i}{M_i}, \ i=1, \ 2, \ \dots K \tag{2}$$

通过计算，可以得出相对偏差 $d_{ik}$ 数值，各位专家据此对照自己的偏差，修正赋权倾向。

以 $S_i$ 代表专家第 $i$ 次赋权的精度，即与 $\overline{m}_i$ 相对应的均方差。公式如下：

$$S_i = \sqrt{\frac{1}{k}\sum(m_{ik} - \overline{m}_i)^2} \tag{3}$$

最后，专家多次赋权符合要求的精度后，将所有的最终赋权值进行算数平均，作为组合权重的结果。

**二、农村生态环境治理法治化指标数据的标准化**

在农村生态环境治理法治化体系中，由于生态环境法治、生态经济水平、生态政治水平、生态文化水平、生态社会水平中各指标的物理意义不同，衡量其物理量的量纲也不尽相同。例如，地表水水质达标率为数值，人均耕地的单位为"亩"、全年 API 优良天数的单位为"天"、人均绿色 GDP 的单位为"万元"，当地居民与外来人口关系、邻里关系以"好坏"程度或者"和谐"程度来衡量等。这些指标具有不同的量纲，无法直接进行加总计算。因此，需要根据指标体系中的实际情况，对一些定性指标进行量化，对定量指标进行无量纲化。

## （一）定性指标量化

在农村生态环境治理法治化指标体系中，存在着一些定性指标，如当地居民与外来人口关系、邻里关系等。对于诸如此类的定性指标，也要力求其赋值的准确性，尽力避免因主观臆断而导致的不科学性。对此，可以采用模糊数学中的隶属度赋值法。例如，对于邻里关系和谐度，在问卷调查中，可以将定性指标分为 1—5 个档次进行加权计算，选择 1 档"非常和谐"为 1 分，2 档"比较和谐"为0.8 分，3 档"一般"为 0.6 分，4 档"不太和谐"为 0.3 分，5 档"极为不和谐"为 0 分。这样，能够使定性指标定量化，便于汇总计算。此外，也可以采取指标替代法。例如，用一年中邻里纠纷次数代替邻里关系和谐度。

## （二）定量指标无量纲化

对于不同量纲的定量指标，需要统一计量标准，使之能够综合计算。统一计量标准就需要对定量指标进行无量纲化以使各个指标具有可比性。数据指标无量纲化的主要方法包括极值法、归一法、比重法、标准化法等。对于农村生态环境治理法治化定量指标的无量纲化，可以采用极值法，具体方法如下。

首先，收集已有的农村生态环境治理法治化指标体系定量指标数值。

其次，对比分析已有指标的数值，选取最大值与最小值。一般情况下，正指标的值越大越好，其最大值代表农村生态环境治理法治化所需要的最好状态，其最小值代表农村生态环境治理法治化最需要避免的状态。而逆指标的值则越小越好，其最小值代表农村生态环境治理法治化所需要的最好状态，其最大值代表农村生态环境治理法治化最需要避免的状态。

最后，计算各个指标的标准值。以 $x_i$ 代表指标数值，$x_{max}$ 代表指标数值中的最大值，$x_{min}$ 代表指标数值中的最小值，以 $R_i$ 代表农村生态环境治理法治化的标准化值。

正指标标准化值的计算公式为：

$$R_i = \frac{x_i - x_{\min}}{x_{\max} - x_{\min}} \tag{4}$$

逆指标标准化值的计算公式为：

$$R_i = \frac{x_{\max} - x_i}{x_{\max} - x_{\min}} \tag{5}$$

经过无量纲化处理，可以得到农村生态环境治理法治化评价指标的标准化值。这就消除了各个指标之间因量纲差异导致的不可比性，使得各个指标可以进行汇总计算。

### 三、农村生态环境治理法治化的评价模型

依据农村生态环境治理法治化评价指标体系框架和指标层次分析，可以构建出农村生态环境治理法治化评价模型组。本模型组包括 1 个总模型和 5 个分模型，即农村生态环境治理法治化评价总模型和农村生态环境法治评价模型、农村生态经济水平评价模型、农村生态政治水平评价模型、农村生态文化水平评价模型、农村生态社会水平评价模型。

农村生态环境治理法治化评价总模型：

$$E = \sum_{k=1}^{n} s_k E_k \tag{6}$$

$$E_k = \sum_{i=1}^{m} w_{ki} Z_{ki} \tag{7}$$

$$Z_{ki} = \sum_{j=1}^{l} a_{ij} X_{ij} \tag{8}$$

把式（7）带入式（6），得：

$$E = \sum_{k=1}^{n} s_k \sum_{i=1}^{m} w_{ki} Z_{ki} \tag{9}$$

把式（8）带入式（9），得：

$$E = \sum_{k=1}^{n} s_k \left\{ \sum_{i=1}^{m} w_{ki} \left( \sum_{j=1}^{l} a_{ij} X_{ij} \right) \right\} \tag{10}$$

公式（10）就是农村生态环境治理法治化综合评价总模型，其中 $E$ 代表农村生态环境治理法治化综合评价指标；$s_k$ 为分系统层，即一级指标（生态环境法治、生态经济发展水平、生态政治水平、生态文化水平、生态社会水平）的权重；$w_{ki}$ 是第 $k$ 个一级指标的第 $i$ 个二级指标（即子系统层）的权重；$a_{ij}$ 为第 $i$ 个二级指标第 $j$ 个三级指标（即指标层）的权重。

运用农村生态环境治理法治化综合评价模型，通过输入相应数据，就可以对农村生态环境治理法治化程度和水平进行测度。具体测定过程如下：

首先，主要根据专家调查法为各个指标确定权重。

其次，根据极值法对收集到的指标数据进行无量纲化处理。

最后，汇总数据求值。汇总顺序为：指标层（三级指标）—子系统层（二级指标）—分系统层（一级指标）—目标层。具体而言，第一步，求各个二级指标的分值。对每个二级指标下的三级指标的各项分值加权后相加，再求其平均数。这个平均数即二级指标的分值。第二步，求各个一级指标的分值。将各个一级指标中的二级指标的各项分值加权后相加，再求其平均数，即为各个一级指标的分值。第三步，求整个目标层的总分值。对一级指标的各指标分值加权后相加，求其平均数，即为农村生态环境治理法治化水平的总分值。

农村生态环境治理法治化评价模型得出的总分值，是评判农村生态环境治理法治化程度的总依据。该分值越高，则表明农村生态环境治理法治化的程度越高；该分值越低，则表明农村生态环境治理法治化的程度越低。

# 第六章　农村生态环境治理法治化路径探究

农村生态环境治理法治化是农村生态环境治理的必然选择。当前，需要站在历史和现实的高度，以农村生态环境治理法治化评价指标体系为依托，从路径规划、路径选择、推进机制等方面做好系统建构，大力推进农村生态环境治理法治化建设。推进农村生态环境治理法治化，是为了更好地解决农村生态环境问题，使农村拥有美好的生态环境。

## 第一节　推进农村生态环境治理法治化的原则

推进农村生态环境治理法治化，需要遵循一定的原则。要关注农村生态环境治理的历史和现实，立足农村生态环境治理法治化建设的全局和整体，切实推进农村生态环境治理法治化。

### 一、重视历史经验

在现代化进程中，我国农村的生态环境发生了巨大变化，农村生态环境问题十分严峻。但是，并不能因为环境破坏而否认我国对农村生态环境保护的历史事实。例如，为解决"大规模的建设"与"很穷的国家"①之间的矛盾，我国自建国以来就非常重视资源节约，

---

① 毛泽东文集：第七卷［M］．北京：人民出版社，1999：239.

并出台了诸多举措，如废品回收、粪便堆肥等。尤其是在制度建设方面，为推进农村生态环境法治化积累了宝贵经验。毛泽东重视制度的效力，指出"物质力量多少不完全决定问题，人是主要的，制度是主要的"①。邓小平提出要以制度促进现代化建设事业的顺利发展。②出于对制度作用的重视，我国相继出台了《中华人民共和国森林法》《中华人民共和国草原法》以及《中华人民共和国环境保护法》，并将人口、资源、环境等方面的工作纳入了法治的轨道，不断健全国土空间开发、资源节约、生态环境保护的体制机制。一言以蔽之，从我国第一个环境保护文件《关于保护和改善环境的若干规定》的出台，到《中华人民共和国水污染防治法》《中华人民共和国农业法》《中华人民共和国土地管理法》《中华人民共和国大气污染防治法》等法律法规的建立和完善，再到致力于加快建立生态文明制度建设，我国农村生态环境治理也逐步走上了法治轨道。历史就是最好的老师，在农村生态环境治理法治化的过程中，必须继承好的理念和成功的举措。当然，一些具体的做法需要根据今天的实际情况而推陈出新。

## 二、重视解决现实问题

要在解决农村生态环境的现实问题中推进农村生态环境治理法治化。当前，农村生态环境治理主要面临着以下几个问题：一是农村生态环保意识不强。无论是农业生产者、工业生产者、从事农村旅游业的劳动者，还是农村居民，其薄弱的生态环境保护意识非常不利于在现代化过程中保护生态环境。二是农村生态环境破坏严重。拥有美好的生态环境是农村生态环境治理的目标，但是，当前农村的生态环境遭到严重破坏，恢复到原有水平需要几十年甚至更长的

---

① 毛泽东文集：第七卷 [M]. 北京：人民出版社，1999：323.
② 邓小平文选：第二卷 [M]. 北京：人民出版社，1994：336.

时间。加之新的污染和破坏不断出现，生态环境破坏加剧，现代化所需的各种资源严重短缺，给农村生态环境治理带来了更为艰巨的任务。三是在发展道路上，农村的发展呈现出单一化倾向。这需要从当地农村不同的资源禀赋和实际情况出发，而不是盲目复制其他农村的发展模式。农村面貌趋于单一、农村发展方向单一、农民出路单一，都会限制农村生态环境治理的进程和水平。从法治视阈来看，当前农村生态环境法治存在着两方面不足：一是治理体系不健全。长期以来，我国农村生态环境保护都处于城市生态环境保护的余泽之下，不仅缺乏有针对性的制度，甚至还经常成为城市生态环境压力的被动承受者。已有的制度经常是自上而下形成并且推进的，由于缺乏对话和共识，未能形成坚实的群众基础，从而也缺乏应有实效。一些比较具有实用性的制度，由于未能得到很好的执行，也使得制度实效大打折扣。二是法治能力不强。这主要表现为各个治理主体的法治意识欠缺、法治水平不高。无论是当地政府部门、农业生产者、工业生产者、从事农村旅游业的劳动者，还是农村居民，其薄弱的生态环境法治意识和生态环境保护能力都不利于农村生态环境治理法治化进程。这些已经存在的现实问题，在推进农村生态环境治理法治化进程中需要得到重视。明晰当前存在的实际问题，才能在短时间内集中有限的人力、物力和财力有针对性地解决，最大程度地为农村生态环境治理法治化扫清发展中的障碍。问题确实存在，但对待现存问题不应该具有畏难情绪，而应该以解决问题为动力，通过有效的举措和路径打通前进之路。同时，新的问题可能还会随时发生，要以积极的态度予以防范和应对。立足现实，积极发现并解决问题，才能更好地推动农村生态环境治理法治化向前发展。

### 三、协同推进农村生态环境治理法治化

法治化是农村生态环境治理的方向，但在农村生态环境治理间

题上，生态环境法治必须与其他要素配合，法治必须与其他治理方式协同。理论上，农村生态环境是一个多因子的生态系统，包括政治、经济、文化、社会等方面。在这个生态系统中，任何一个因子都具有不可忽视的重要作用。法治与政治、经济、文化、社会各个要素必须配合。唯有整个生态系统中各个因子的功能和关系相互协同配合，才能促进整个系统的健康发展。具体言之，农村生态环境治理法治化不是简单的环境法治，而是要在推进现代化的过程中对生态环境予以特别关注。此外，还涉及法治与绿色发展的关系、法治与人治的关系、法治与德治的关系、法治与社会变革的关系。只有处理好方方面面的关系，才能切实有效地推进农村生态环境治理法治化，从而提升农村生态环境质量。

### 四、坚持城乡联动

恩格斯在《反杜林论》中曾经提出，只有城乡融合才能排除污染。①乡村和城镇都是整个"中国"这个大生态系统下的小系统，二者健康、良性循环才能维持整个中国正常的"物质变换"，才能有利于维护人民的根本利益。更值得注意的是，农村生态问题的形成并不是单纯因为农村自身发展而造成的，还源于城市的不科学发展及其相伴生的污染转移。在城市发展过程中，工业废水废气向农村扩散、城市污染企业以及城市垃圾向农村转移、城市居民到农村旅游后留下的大量垃圾等现象，都给农村生态环境带来严重威胁。乡村是城市的精神家园，是城市的发展基地，没有美丽的乡村，城市发展就成为无本之木，失去了广博的生态空间。在一个中国的大系统中，城乡本是同根生，必须相互扶持和保护。因此，推动农村生

---

① 马克思恩格斯选集：第 3 卷 [M]. 北京：人民出版社，1995：646-647；中华人民共和国环境保护法(1989 年 12 月 26 日第七届全国人民代表大会常务委员会第十一次会议通过，2014 年 4 月 24 日第十二届全国人民代表大会常务委员会第八次会议修订) [N]. 人民日报，2014-7-25（008）.

态环境治理法治化，要坚持城乡联动，统筹城乡发展，建立健全城乡生态环境保护资金流转、技术转移、人才交流制度，实行城乡污水共治、城乡垃圾共治、城乡土壤污染共治和大气环境共治。在推进农村生态环境治理法治化的过程中，尽管城乡在一些具体问题的防范和解决方面需要有针对性和特殊性，但由于农村与城市在整个生态系统内存在生态关联性，因此必须要坚持城乡联动，这样才能为推动农村生态环境治理法治化提供最大的支持力。

### 五、以改革为动力

改革是推动农村生态环境治理法治化的动力。从传统的"人治"与"法治"的关系上来看，必须变狭义的以领导人主观意志为标尺的"人治"为以科学合理的法律法规为准则的"法治"，并将法治转变为体现最广大人民根本意愿的善的"人治"；从法治与经济发展的关系来看，需要通过改革，健全法律法规、推动经济绿色发展，这不仅是生态环境法治对经济发展的要求，更是农村生态环境法治体系的完善和治理水平的提升；从法治与德治的关系看，尽管实际需求不同、地位影响不同，但自古以来"德""法"不可分，必须转变传统的人统治自然的观念为人与自然和谐发展的生态文化观念，从"德"的高度将生态环境法治理念内化于心、外化于行；从法治与社会发展的关系看，要变资源浪费、环境破坏的社会为资源节约、环境保护的生态社会。法治能够促进生态社会建设，生态社会建设也会提升法治效能。总之，推进农村生态环境法治化离不开勇于改革的精神与勇于探索的实践。必须通过改革，在政治、社会、文化、经济等领域进行各种完善和创新，通过转变观念、革新技术、创新体制机制等，为农村生态环境治理法治化扫清障碍、打开通路。

# 第二节　农村生态环境治理法治化基本路径

从农村生态环境治理法治化的衡量指标看，农村生态环境法治是最核心的显示性指标，直接反映着农村生态环境治理法治化的程度和水平。法治不是口号，不能解决现实问题的法治就是一句空谈。推进农村生态环境法治，必须以解决农村生态环境问题为立足点。当前，农村生态环境问题主要体现为资源短缺、环境破坏和生态失衡。应该以法治为方向，解决好这些现实的生态环境问题。这是推进农村生态环境治理法治化的基本路径。

## 一、节约资源

资源浪费会导致资源紧缺和生态环境破坏，要通过法治推进资源节约，切实解决农村生态环境问题。早在中华人民共和国成立之初，毛泽东等党和国家领导人就意识到我国现代化建设的任务极为艰巨，我国的自然资源极为短缺。在 1956 年的《论十大关系》中，毛泽东指出，"大规模的建设"与"很穷的国家"是一对矛盾。①很穷的国家，表现之一就是资源紧缺。为解决这个矛盾，我国一直厉行节约资源之风，攻坚克难进行现代化建设。在现代化建设的新时期，面对资源环境约束趋紧的严峻形势，要坚持科学立法、严格执法、公正司法、全民守法的方针，通过法治带动全社会形成节约资源的风尚，提升农村生态环境治理实效。

### （一）节约水、土、林木等重要资源

水、土、林木等是现代化的重要资源，在生态环境保护方面也

---

① 毛泽东文集：第七卷 [M]. 北京：人民出版社，1999：239.

发挥着重要的生态系统服务功能。在节约用水方面，政府要以《中华人民共和国水法》等为依据，采取适当措施，结合农村实际情况制定相应制度规范，大力推行节约用水等政策措施。如，明确单位和个人的节水义务，强化节水管理；通过集中供水，改变当前农村用水难、水质差的状况，并根据各地农村实际情况实行用水收费，奖励在节约用水方面做出突出成绩的单位和个人，使受奖者能够引领其他单位和个人共同节水；大力推广节约用水新技术、新工艺，促进农业、工业和服务业依靠科技降低水资源成本，从而起到节水效果。此外，还要通过有效措施，保护植被，涵养水源，避免因水土流失和水体污染导致的水资源浪费。在节约用地方面，要做好土地利用空间规划，对农村土地的使用情况进行网上实时监测。在节约林木资源方面，要做好集体林权改革，对林业资源进行市场化定价，并按照林木生长规律进行开采和利用。要实行有利于节约资源和环境保护的产业政策，限制发展高消耗、高污染行业，发展节能环保型产业。合理调整产业结构、企业结构、产品结构，降低单位产值和单位产品资源消耗。法治不仅可以有效解决资源浪费问题，切实节约我国资源，也能使农村生态环境治理法治化具有更为具体的指向性和意义。

### （二）废旧物品回收和利用

废旧物品是可资利用的资源。中华人民共和国成立之初，我国为节约资源而发动全社会进行废旧物品回收利用运动，积累了一定的经验。例如，采取宣传、竞赛、定额等手段，积极发动群众、动员社会力量进行废品回收。①在法治的引领下，新时期的废旧物品回收和利用应该具有新发展。

---

① 山西省人民委员关于大力开展群众性废品回收运动的通知[J]. 山西政报，1959（12）：4-5.

1. 回收理念更新

《中国人民共和国环境保护法》总则规定，公民应当增强环境保护意识，采取低碳、节俭的生活方式，自觉履行环境保护义务。废品回收不仅仅是为了节约生产成本，更重要的是为了保护生态环境。大量可循环利用的废旧物品闲置，不仅浪费资源，更增加了农村生态环境的承受负担，造成了环境的污染和生态的破坏。从这个角度来说，废旧物品回收利用程度越高，越有利于农村生态环境的改善。

2. 拓展回收利用领域

《中国人民共和国环境保护法》（第四章防治污染和其他公害）规定，县级人民政府负责组织农村生活废弃物的处置工作。政府要以节约资源保护环境为出发点，做好农村生活废弃物的处置工作，扩展回收利用领域。可以制订废弃物回收规划，实施废弃物分类安放、统一收购、统一处理。废品回收后不仅要用于生产领域，还要用于消费等领域。例如，废弃的书籍、打印后的纸张，可以用来进行书画练习、手工创意等，经过多次反复利用后再重新进入生产领域，这样就可以加大废旧物品的利用度。

3. 回收手段创新

计划经济时期，为了完成定额的废旧物品而采取竞赛等手段，可能会出现适得其反的激励后果。例如，为了得到废弃物而制造废弃物，这可能会导致更大程度的资源浪费与对自然的更深层次的破坏。因此，当前对废旧物品的回收利用，要避免按回收数量进行竞赛激励，可以在生态环保理念的支持下，按照废物回收效果和程度来竞赛。例如，任何单位或者个人，对于废旧物品的收集，都应该进行分类处理，以便于分类利用。在回收的过程中，还应该积极带动他人或其他群体，共同致力于回收活动。对于社会普遍认可的单位和个人，要给予充分肯定和表扬。在废旧物品回收利用过程中，各级人民政府要依据《中国人民共和国环境保护法》，统筹城乡废弃物回收，将危险废物集中处置。要采取更为先进的手段，保证生态安全。

## （三）积极开发利用可再生能源

《中华人民共和国节约能源法》规定：国家鼓励、支持开发和利用新能源、可再生能源。一般的，可再生能源是指包括太阳能、风能、地热能等在内的能源。与石油、煤炭、天然气等常规能源相比，可再生能源具有可再生性和清洁性。可再生性能为进行现代化建设节约大量不可再生资源，而清洁性则有利于生态环境保护。

早在中华人民共和国成立之初，为节约农村能源，我国就积极开发和利用沼气。此外，风能、太阳能也可用于制造风力发电机、太阳灶、太阳房等。依据《中华人民共和国可再生能源法》，政府在推进农村生态环境治理法治过程中，应立足节能和环保，在原有基础上继续开发和利用沼气、太阳能、风能，也要积极研究开发和利用水能、地热能等非化石能源。县级以上地方人民政府要制定可再生能源开发利用规划，建立和发展可再生能源市场；鼓励各种所有制经济主体参与可再生能源的开发利用，依法保护可再生能源开发利用者的合法权益，对农村地区的可再生能源利用项目提供财政支持；同时，考虑到农村各地的实际，亦应因地制宜地推广应用沼气等生物质资源转化、户用太阳能、小型风能、小型水能等技术。在开发和利用新能源的过程中，既要看到新能源的清洁优势，又要注意可能存在的风险；要出台新能源风险防范措施，及时防范并处理农村新能源开发和利用过程中可能产生或已经出现的生态安全问题。

## （四）大力提倡非物质化

一般的，非物质化指一个逐步减少物质材料使用的过程，非物质化可以最大程度地节约资源。以经济发展为例，要不断优化产业结构，通过税收、财政等鼓励发展以生态环保为基点的第三产业，从整体上减少物质的消费。在具体的产业发展过程中，各主体应该依据《中华人民共和国清洁生产促进法》，逐步减少原材料在生产的过程中的投入，并提高原材料使用效益；要尽量避免或者减少消费过程中和消费后的废物产生量，并提高各种废弃物的再次使用率。在非物质化目标的指导下，通过科学设计和规划产品品种及规格，通过各种措施和制度保证产品质量，可以提高产品的耐用率以减少资源消耗总量，可以减少产品中含有的有害物质以减少对环境的污染和破坏，还可以减少大量废弃物以减轻环境承载力。非物质化不仅涉及经济领域，亦涉及政治领域、社会领域和文化领域的理念与实践。无纸化办公、低碳消费、适度消费，种种非物质化措施，能充分反映出全体人民对美好生态环境的需求，也是农村生态环境治理过程中节约资源的重要路径。

## 二、环境保护

环境破坏是严重的生态环境问题。显示农村生态环境法治成效的指标是包括水、土和大气生态环境在内的生态环境质量。在推进农村生态环境法治的过程中，要针对人的生产和生活实践采取多种有效措施，积极预防环境破坏，不断提升农村生态环境保护力度。

### （一）加强乡镇企业治理

自 20 世纪 90 年代以来，农村的乡镇企业发展迅速，一方面，乡镇企业时至今日仍然是农村经济发展的重要支柱。但另一方面，其对农村生态环境的污染也从未停止过。因此，保护农村生态环境必须有效解决乡镇企业不科学发展问题。

1. 使环境影响评价成为乡镇企业发展的衡量标杆

一般的，乡镇企业的技术进步程度较低，存在着投入大、产出少、污染严重的现象。对其进行环境影响评价能够有效避免其对农村造成环境污染和生态破坏，否则就会出现严重后果。例如，一些乡镇采矿业在施工之前缺乏必要的环境保护规划，在施工过程中也缺乏相应的环保措施，不仅造成了矿产资源的浪费，也导致了农村水土流失严重和水污染。还有一些高污染企业，其运行给农村生态环境带来的污染和破坏极其严重，如果事前进行环境影响评价，根本就不可能投产运行，也就可以避免诸多严重后果出现。因此，在农村进行各种开发和建设的企业，都应该基于当地农村的环境资源状况分析其可能带来的影响和风险，依法进行环境影响评估，不符合国家和农村环境保护标准的不能投入运行。

2. 继续坚持"三同时"制度

"三同时"是指建设项目中的防治污染设施必须与主体工程同时设计、同时施工、同时投产使用。企业在投入运行的同时，必须做好防止污染的准备措施，严格控制有害物质的排放。在实际运行过程中，企业如果不能坚持"三同时"，就会给农村生态环境带来重创。例如，一些小造纸厂在生产过程中没有做到集约化生产，也没有进行污水处理，水耗量和原木耗量非常大，其所排放的污水直接流入河流湖泊；一些瓷窑厂在生产过程中没有有效的除尘措施，造成农村酸雨产生，加剧了空气污染。只有坚持污染防范设施在项目设计、施工与投产过程中做到"三个同时"，才能使项目运行与环境保护设施运行实现同步。当然，为确保"三同时"落到实处，要有各种配套的举措，保证乡镇企业做到100%执行，才能真正提升农村生态环境质量。

3. 在重点地区严格控制高风险、高污染企业

农村地区不仅是保证我国粮食安全的基地，还是保证我国生态安全的防线。高风险、高污染企业即使经过环境影响评价，也采取了一定的防范措施，仍有可能存在着很多未能预见的风险和潜在风险。在粮食主产区、生态涵养区等重点地区，要通过严格的制度和严密的法治，控制高风险、高污染企业投入运行。总之，要做到源头防范、过程监督、结果处理，将各个环节有效连接起来，避免农村生态环境受到持续破坏。

**（二）加强农业治理**

农业不仅仅是农村经济发展的重要支柱产业，还具有重要的生态环境保护功能。加强农业治理，对农村生态环境保护极为重要。

### 1. 禁止高毒、高残留农药使用

为保护农村生态环境，高毒、高残留农药必须退出农业生产过程。为此，在生产源头上可以通过制度禁止高毒、高残留农药生产。例如，停止甲胺磷、对硫磷、甲基对硫磷、久效磷、磷胺等多种高毒、高残留农药的受理登记，撤销高毒、高残留农药应用于果树的登记①等。同时，通过各种举措帮助农业生产者增强土地肥力及治理虫害，以减少农业生产中对高毒、高残留农药的需求。对于违法生产、销售和使用高毒、高残留农药的行为，要依法严惩。

### 2. 科学合理施肥

保护农村生态环境，要在农业生产过程中科学合理施肥。通过供给侧改革，大力倡导绿色环保肥料的生产、销售；在施用过程中，可以进行测土配方施肥，不断提高肥料利用率，从而减少肥料流失所造成的环境污染。科学合理施肥离不开制度的保障和技术的支撑，更离不开对实际需求的考量。因此，法治必须结合农业生产实际、农民需求实际，各种举措才能落到实处。

### 3. 注重农业衍生物回收利用

农业衍生物包括作物秸秆、塑料薄膜等。当前，秸秆燃烧已经成为农村空气污染的重要来源，因此要特别重视农作物秸秆的回收利用。通过罚款、劝说等手段对秸秆燃烧采取单方面的禁止不是解决问题的根本之道，还是需要将法治和绿色发展结合起来。众所周知，秸秆可以成为牲畜饲料，可以成为酿肥资源，可以生产沼气。因此，要基于农村发展的实际需求，通过制度保障和技术支撑，使秸秆在这些方面发挥功效。此外，针对农业生产过程中的其他污染源，如农用薄膜、农药瓶等，也要进行有效的回收利用和处置，防止其对农村生态环境造成破坏。

---

① 我国进一步限制高毒农药使用 [N]. 人民日报，2000-11-15（005）.

### （三）加强农村禽畜养殖业治理

禽畜养殖业是农村发展的重要支柱，但同时，养殖过程中的禽畜粪便不合理排放问题也是农村水、土和空气污染的重要来源。推进农村生态环境法治、保护农村生态环境，要重视农村禽畜养殖业的治理。从治理对象上来说，其不仅包含禽畜养殖场和养殖企业，农村养殖户也应被纳入治理范围。对于规模化经营的养殖业，政府应坚持预防为主，进行厂址选择评估、排放总量控制、排放过程监测，对废弃物排放引起不当后果的要依法进行处理；对于散养的农户，则要进行政策宣传、提供技术帮助等手段，激励其回收利用禽畜粪便，并注意环境保护。

### （四）加强农村旅游业治理

当前，旅游业在农村方兴未艾，也引发了很多生态环境问题，必须要高度重视，并从多方面予以治理。

1. 对于旅游景点的开发要遵从自然原则

旅游景点的开发要遵从自然原则，借用老子著名的"道法自然"[①]的观点表达，就是要在开发景区或景点的过程中做到"法地""法天""法道"。因此，政府应该出台政策鼓励农村依自然条件开发旅游，有丰富林果资源的可以开发林果旅游，有丰富沙资源的可以开发沙文化旅游，有丰富水资源的可以开发水文化旅游。对于未能做到因自然而为的农村旅游要通过各种举措做到提前预防和及时治理；反对不遵从当地的实际状况而盲目开发、不能尊重自然规律而强行开发的行为。

2. 加强景区内部的环保配套设施供给

农村旅游，最表面化的问题就是游客所经之处，无论是海滩、沙滩，抑或草原、林区，景区之内都会有饮料瓶、塑料袋、果皮纸屑等大量垃圾存留。这些问题的存在不仅仅是由于游客环保素质低

---

① 朱谦之. 老子校释［M］. 北京：中华书局，2000：103.

造成，还有服务设施不到位、环保配套设施供给不足的原因。小到垃圾桶，大到垃圾处理设施和体系，都是当前农村发展旅游业需要注意的问题。因此，政府要加强制度管理，奖励文明的行为，树立良好示范，并注意景区内部的环保配套设施供给，以满足民众的生态环境保护需求，使需求与供给实现有效联结。

### 3. 加强旅游点周边环境保护

在很多农村地区，仅仅是在旅游区内比较注重生态环境保护，而在周边地区，尤其是销售特色产品或者提供住宿的地区，环境保护状况很差，存在着各种废弃物随意丢弃、废水横流等现象，这不仅严重影响景区整体环境，也成为农村生态环境的破坏点。因此，政府应出台政策加强旅游点周边环境保护，实现景区内外环境保护的联动。只有景点区和辐射区都在生态环境保护之列，才能对整个农村生态环境保护有利。

### （五）加强农村人居环境治理

人居环境的好坏体现的是居民在经济发展过程中对生态环境的保护程度，表征的是人与自然的关系。通过法治加强农村人居环境治理是非常重要的。

### 1. 进行村庄绿化

树木和草地对保护农村生态环境具有重要意义。对村庄进行绿化，是使农村拥有良好生态环境的基础性工作。政府可以制订相关村庄绿化规划，根据村庄实际面积和住户数量确定绿化面积：一是确定每家每户的绿化面积，并禁止随意破坏；二是鼓励村民自愿在房前屋后、村间空地以及农村公路两侧种植乔木、灌木以及草本植物等，以起到净化空气、涵养水源、美化村庄的作用；三是出台政策保护益鸟，保护生物多样性，这样可以留住鸟类来捕捉害虫，从而降低或避免农药的使用。

### 2. 集中处理生活污水

农村生活污水随意弃撒不仅造成土壤硬化、污染严重、肥力下降等问题，也造成了水体污染、富营养化等水生态环境问题。而且，随着农村人口的增多，生活污水量更是与日增加。为有效解决此问题，相关部门应建立健全污水集中处理制度，在农村集中兴建污水处理设施，派专人定期修检；通过地下污水管网将污水汇集到污水处理中心进行处理，从而避免生活污水对水土造成再次污染。

3. 集中处理生活垃圾

农村生活垃圾包括厨余垃圾、废旧衣物、废弃厕纸、电子产品等。目前，农村居民对生活垃圾的处理方式大多为焚烧，而焚烧过程会产生很多有毒气体，严重污染空气，并对人体造成很大损害。为此，政府可以通过宣传和教育，呼吁村民实行垃圾分类处理堆放，并按照要求分散到不同处理地点处理。例如，对于人畜粪便，要集中收集到指定地点，进行堆肥或者生产沼气；对于废旧衣物，要集中到农村指定回收利用点并专门予以收集、利用。只有提升农村居民的节约、环保意识并依法对各种生活垃圾进行集中处理，才能够避免居民随意焚烧、掩埋等不当处理方式，并提高垃圾处理的无害化程度。

### （六）加强农村城镇化治理

城镇化是农村现代化发展的重要方向，在农村生态环境保护中占有重要地位。依法对农村城镇化进行治理，是农村生态环境治理法治化的基础性路径。

1. 为城镇化发展寻求特色产业依托

产业发展是城镇化的经济支柱，政府要依托当地自然条件支持发展特色产业，为居民就业、生态持续发展提供有效通道。有了特色产业作为支撑，农村城镇化发展就具备了坚实的经济基础，可以避免出现农民"失业"、城镇"空心"、农村"变形"等问题。

2. 城镇化与环境保护相协调

城镇化的生态含义就是环境美好的城镇化。为此，在城镇化过程中，政府应做好环境影响评价和环境保护规划，尽量避免大拆大建和快速拆建。这就需要尊重自然规律，在已有的条件基础上，依山之势、依水之力、依现有的村庄布局进行完善，尽量避免农村已有建筑和设施的全盘推倒和全面弃置；在建筑修建和完善过程中，则要注重节约能源、延长建筑和设施使用年限，并提供相应的环境保护配套设施。

### 3. 避免农村居民的不当行为

人的城镇化是城镇化的意义所在，也是农村生态环境保护的重要推动力。针对城镇化过程中农村居民的种种不当行为，一是要通过宣传和教育等方式，强化农村居民生态环境保护意识，避免其身为"城镇人"、行为却依然非生态化。二是要对农村居民"为拆迁而建房"的行为进行有效引导和规避。对于一些农村居民为了获得高昂拆迁费而大兴土木的做法，要从政策上做好设计和宣传，通过高科技手段及早、及时、全面做好农村居民住房情况的前期调研工作，并一一记录在案；对于政策宣传后、调研后仍然兴建房屋建筑的，要视具体情况予以处理。绝对不能一刀切，仅根据居民房屋面积多少来予以拆迁补偿，这样将会助长不良兴建之风，不仅浪费资源，也污染环境。

### 三、生态修复

生态失衡是严峻的农村生态环境问题。农村生态环境法治化要解决生态失衡问题，在生态修复的过程中推进法治治理，进而促进自然生态系统实现自我修复，借助自然界自身之力提升农村生态环境质量。

### （一）推行土地休养生息

土地是农业发展的重要资源，也是构成农村生态环境的重要自然因子。面对土地污染严重、优质耕地逐年减少等问题，政府应推行土地休养生息制度。通过土地休养生息制度，能够有利于土壤生态修复，进而提升农村生态环境质量。

## 1. 实行耕地轮作休耕

由于片面追求粮食增产增收，农村耕地长期超负荷运转。这不仅导致耕地肥力下降、生态失衡，也不利于粮食的可持续生产。为此，应推广实行耕地轮作休耕制度，即依据自然规律，使耕地定期更换一种"工作状态"，在耕种某种粮食作物与其他粮食作物之间、耕作粮食作物与种植其他绿色植物之间形成适度更替，使此种"工作状态"与彼种"工作状态"交替轮换、良性循环。

## 2. 耕地临时退耕

长期的不合理耕作方式导致一些耕地严重退化、污染严重。为此，政府应实行耕地临时退耕制度，在一些不适合耕作的农耕区，如重金属严重污染区、坡度超过25°区、严重荒漠化地区，推行还林还草，使之暂时退出耕作状态，从而为更好地进入耕作状态积蓄力量。在此过程中，要依据相关制度规范对农民进行合理的生态补偿，保证农民的经济权益不受损害。

## 3. 牧地还草退牧

在一些农村牧区，各种荒漠化现象比较明显，生态环境遭到极大破坏。政府要通过宣传等手段使牧民明白退牧还草是为了更好地发展牧业，得到牧民的支持；在此基础上，对水土流失严重、植被覆盖低的牧区要坚决实行还草退牧制度；在行政执法过程中要充分考虑牧民的实际，要为畜牧业发展提供替代性保证，为提高牧民的生产生活水平提供政策支持。

### （二）加强农村水利建设

当前，我国农村水土流失、盐碱化、沙漠化等问题严重，不仅导致农业灌溉困难，也导致植被减少，生态系统严重失衡。在符合生态规律和农业发展规律的前提下，兴修水利建设不仅成为生态修复的重要举措，还可以"保证农业增产"①。在农村兴修水利工程，

---

① 毛泽东文集：第六卷 [M]. 北京：人民出版社，1999：451.

应该做好环评规划,依据自然条件使其与江河湖泊等形成良好连接,保证水系畅通、排蓄兼顾、调控自如。以农村水利为依托,还要注重生态灌区建设。与传统灌区不同,生态灌区遵循人与自然和谐发展理念,注重灌区系统内部的生态平衡,注重水资源节约利用和水文化发展,是具有极强生态服务功能的灌区形态,能够涵养水源、净化水质、保持水土、调节气候、维系生物多样性,对农村生态修复具有重要作用。

### (三)推进农村水体休养生息

当前,农村水污染严重、水生态系统失衡,为了修复水生态,要积极依托自然界自我修复和发展的力量,推进农村水体休养生息。一是要为水生态平衡划定红线。超过生态红线的水域,实行农村产业的部分退出或者整体退出。农村水体恢复正常标准后,要严格执行产业环评和污染防控,以防水体再次遭到破坏。二是要实行多样化水产养殖。长期养殖一种水产品会令水生态营养失衡或者水生物多样性减少。要按照生态学原理,做好多样化养殖规划,通过水生物链实现水体净化。三是要加强农村湿地建设。湿地可以处理污水、调节水生态、改善水环境,为农村生态环境保护提供"肾脏"功能。要做好前期调研准备工作,充分考虑民众意愿,依法实施湿地建设,避免湿地建设半途而废或者有始无终。

### (四)加强农业气象服务和农村气象灾害防御建设

2010 年,中国共产党中央委员会的一号文件提出,要健全农业气象服务体系和农村气象灾害防御体系,使气象为三农服务。实质上,农业气象服务体系和农村气象灾害防御体系建设对于农村生态环境保护至关重要,是有力的生态防御措施。建设气象服务体系与气象灾害防御体系,可以提前预防洪水、台风、冰雹、泥石流、高温以及雾霾等对农村生态环境造成的破坏,也可以最大限度地减少生态破坏。农村当地的气象主管机构所属的气象台(站)应当按照职责发布公众气象预报和灾害性天气警报,并根据天气变化情况及时补充或者订正。为保证气象预警的科学和真实性，其他任何组织或者个人不得向社会发布公众气象预报和灾害性天气警报。

# 第三节　农村生态环境治理法治化保障路径

从农村生态环境治理法治化的评价指标体系看，农村生态文化、生态经济、生态政治、生态社会是农村生态环境治理法治化的分析性要素，农村生态环境治理法治化程度与各分析要素的发展水平密切相关。提升生态文化、生态经济、生态政治、生态社会的发展水平的过程，就是推进农村生态环境治理法治化的过程，这是一个彼此促进、相互推动的过程。在法治的引领下，大力发展生态文化、生态经济、生态政治、生态社会，是推进农村生态环境治理法治化的四大保障路径。

## 一、发展生态文化

生态文化是倡导人与自然和谐相处的文化。在推进农村生态环境治理法治化过程中，通过法治引领，提升生态文化水平，能够为农村生态环境法治提供坚实的思想文化保障。生态文化与生态环境法治协同，实现"德治"与"法治"相结合，是农村生态环境治理方式的最佳组合。

### （一）加强生态文化教育

人的生态文化素质不是与生命诞生相伴生的，需要通过教育进行后天培育。从人的生命发展轨迹来看，家庭、教育、社会，是生态文化教育的重要场域。

1. 重视家庭培育

每个生命诞生伊始都会面对属于自己的家庭，每个生命的成长也离不开家庭。加强生态文化教育首先要重视家庭的作用，充分发挥家庭在生态文化教育方面的强大正面功能，重视生态文化在亲人间、代际间的传递。这就需要通过新媒体与传统媒体协同宣传家风的重要作用，定期（如植树节、劳动节、生态环境保护日等）组织家风传承的家庭活动并形成制度，活动内容可以包括：父母为孩子讲一个关于农村生态环境保护的故事、家庭成员共同创造"绿色我家"、开展资源节约型家庭与环境友好型家庭的评比等，在日常生活中以小见大、潜移默化地形成生态环境保护的家风，进而影响到每个个体日后的生产和生活实践。在科学合理利用自然资源、积极保护生态环境方面，每个家庭都能发挥自己的家族或者家庭优势，形成世代传承的家风，这对于生态文化的培育与传承是功在千秋的事情。

2. 重视学校教育

除了家庭，每个生命体都将在学校度过一段关键时光。因此，学校在生态文化教育问题上更是责无旁贷。政府应通过目标定位、课程调整等手段，使小学、初中、高中、大学的生态文化教育形成阶段性、持续性、渐进性的教育链条；通过加大师资培养力度、鼓励教学方法创新等政策，筑牢学生的生态环保意识、科学发展意识、绿色消费意识；通过有计划、有组织地使学生进行各种社会实践活动，实现理论与现实的对接，实现家庭教育与学校教育的对接，切实提升生态文化教育的效果和水平。

3. 重视社会教育

学校教育是家庭教育与社会教育对接的中介点，每个个体离开学校后都要走向社会，在各个岗位中成为农村生态环境治理和保护的实践者和推动者。为此，要在全社会营造起生态文化素质教育氛围，可以在农村地区兴建图书馆，由政府出资或者志愿捐赠等方式购置生态文化书籍，并有计划、有步骤地组织全民进行阅读、交流与探讨；还可以借助网络平台，发挥新媒体的即时性、全覆盖优势，随时随地地进行生态文化教育。在一些企事业单位，则要通过政策支持、物质和精神嘉奖等方式，激励每个从业者不断积淀生态文化底蕴、不断提升生态环境保护能力，在实践中为农村生态环境治理和保护提供智力支持和优质服务。

**（二）注重生态文化供给**

为满足生态文化的有效需求，为农村生态环境治理提供精神动力支撑，需要注重生态文化供给。

1. 生态文化产品供给

当前我国文化产品数量众多，但从产品结构上来说，以中低端文化产品居多，而高品质的、有利于农村生态环境保护的产品则极为紧缺。这不仅不利于民众的生态文化消费需求，更不利于民众从消费角度践行绿色消费，不利于其从实践环节支持农村生态环境治理的实践。解决日益严峻的农村生态环境问题，需要通过供给侧改革，使供给与需求有效联结，生产出与消费实际需求相符的生态文化产品；并通过制度管控从生产源头上控制低端、庸俗、不利于生态环境保护的文化产品的生产，激励生产出生态、环保、高质量的生态文化书籍、生态文化工艺品、生态文化影视作品等。

2. 生态文化服务设施和服务体系供给

任何有效的产品供给的背后都离不开一套完整的服务供给体系和设施。为了满足生态文化产品的有效供给，必须注重供给设施建设和供给体系服务。为此，政府要出台政策，加大资金支持、技术支持和人才支持力度，在调查研究的基础上，针对农村各地的实际情况，充分利用当地的特色资源，加强图书馆、博物馆、文化馆、自然保护区等生态文化服务基础设施建设。在有条件的地方，可以兴建生态文化产业园区，通过研发、生产和消费一体化，形成完整的生态文化产品供给链条，并为其他地区的生态文化供给提供可供借鉴的经验与示范。

要将生态文化供给空间由有形扩大到无形，注重互联网的生态文化供给作用。当前我国网民数量已经居于世界首位，农村网民数量更是与日俱增。网络不仅具有通信和社交之功能，更是提供生态文化产品和服务的重要平台。在供给服务方面，作为无形空间的网络，不仅能够实现供给的快捷和便利，更能够突破有形空间的时空局限，为地域广阔且星罗棋布的农村地区提供即时性服务。当前互联网在我国农村地区还没有实现完全覆盖，70%左右的农村地区在全国互联互通的大局中属于"失联状态"。这种互联网失联对发展生态文化是非常不利的，因此，应该按照循序渐进的思路，做好农村互联互通规划，做好资金筹集工作，做好信息技术支撑，推进农村互联网建设。有了互联网，生态文化的宣传和普及不仅有了更广阔的平台，也有了更广泛的传播主体。在互联网空间中，每个人都是生态文化的接受者，也是传承者。在互联网空间中，家庭、社会和学校也能够互联互通，为发展生态文化形成凝聚力和发散力。当然，为了更好地提供生态文化产品和服务，需要以民众的生态文化需求为着眼点，不断与时俱进地开拓思路、创新服务模式，而这就需要注重生态文化服务体系评价工作，并从服务的深度、广度和有效程度几个方面予以衡量，为后期的服务奠定基础。

## （三）注重生态文化交流

在一个开放而又循环的生态环境中，没有任何一个文化幼苗能够孤立成长为参天大树。同样，只有不断与外界进行信息互换并汲取养分，农村生态文化才能发展壮大。

### 1. 拓宽生态文化交流场域

拓宽生态文化交流场域不仅要注重本国内部交流，更要注重国家间的交流。就国内生态文化交流而言，主要包括农村内部、村与村之间、农村与城市之间的交流；就国际生态文化交流而言，主要包括本国单位、个人、农村，国家与国际生态环保组织、国际友人、跨国公司、各国政府之间的交流。在2015年的世博会上，我国江苏省张家港市南丰镇永联村参展，这是以农村整体参与生态文化国际交流的成功案例，也是今后国际生态文化交流的典范。

2. 拓宽生态文化交流平台

拓宽生态文化交流平台可以从以下两方面入手：一是要利用书籍、报纸等传统媒体进行交流。经过多年的沉淀，传统媒体已经形成了较为成熟的交流机制，在交流内容、交流质量上更具有可信度与知名度。无论是对内还是对外，生态文化交流都需要借助主流的、大众认可的传统媒体。二是要利用智能手机、数字互动电视、楼宇电视、车载移动电视等新媒体进行生态文化交流。新媒体具有即时性、交互性、数字化等特点，在生态文化交流方面具有传统媒体不可替代的优势。当前，无论是网络空间中的微博、QQ，智能手机中的微信，还是数字互动电视中的栏目点播，都已经成为信息扩散与交流的主要平台，也必然应该为生态文化交流发挥重要作用。

3. 发展多样化的生态文化交流方式

交流方式是否多样，在很大程度上决定生态文化交流的实效。在国内交流领域，要形成常规交流。例如，利用电视媒体对农村生态文化进行日常宣传，利用网络进行最美乡村评选、乡村生态旅游节目展播等。除了媒体，还要通过组织实地考察、参观学习、乡村旅游等活动，实现农村生态文化在个人与个人之间、个人与群体之间、群体与群体之间的直接交流，并在直接交流之后通过各种平台实现对其他群体和个人的辐射和影响，进而实现农村生态文化的间接交流。在国际生态文化交流领域，则要从典型交流逐渐向常规交流扩展。如，可以借助对外开放的机会，举办生态文化画展和艺术展，从国内外不同流派和不同风格的艺术作品中了解和学习生态环境信息，为我国农村的生态文化发展吸收新鲜血液；还可以定期与其他国家共同举办生态文化年和生态艺术节、音乐节，通过舞蹈、音乐、话剧等艺术形式与国外名家、艺术团体展开生态文化交流，在发展农村生态文化中做到取长避短，砥砺前行；此外，政府还可以通过出台政策鼓励农村居民（集体或个人）、生态环境保护团体、生态环境保护从业人员、艺术团体以及相关企业等到国外进行旅游、学习、演出、参观、考察，积极汲取有益于发展农村生态文化的元素，充实壮大农村生态文化的影响力和生命力，为农村生态环境法治积攒正能量。

## 二、发展生态经济

生态经济是经济与生态环境协同发展的经济。与传统的"黑色发展"道路不同，生态经济走的是一条"绿色发展"之路。在推进农村生态环境治理法治化过程中，通过法治引领，提升生态经济水平，能够为农村生态环境法治奠定坚实的物质基础。发展生态经济的过程，也就是农村生态环境治理法治化的过程。生态经济与生态环境法治协同，将"绿色发展"与"法治"结合起来，能够实现经济发展与环境保护双赢。

### （一）节约自然成本

传统的经济发展过程中，几乎没有考虑到自然成本，必然带来极大的资源消耗和环境破坏。水资源浪费与水环境污染、水资源紧缺相伴生，土地资源浪费与土壤环境污染、土地资源紧缺相交织，森林资源浪费与水土流失、森林资源紧缺共存，种种生态环境问题不断涌现并日趋严重。这足以表明，以往经济发展过程中的自然成本极高。

为节约自然成本，应该通过政策宣传和宏观调控，使生产企业和个人意识到这种高成本的负作用。一是按需上调不可再生资源的价格。生产者必须认识到，自然界的不可再生资源日趋紧缺，这必将导致资源价格的上涨，发展经济必须节约自然成本。通过法治的约束，生产者必须坚持源头减量，将节约水、土、电、矿产等自然成本的关键点放在生产端；在生产的过程端，形成循环发展的路径，综合利用每一滴能源；在充分保证生产端和过程端节约资源成本之后，则要考虑废弃物的回收和利用。在生产的各个环节做到节约自然成本，既符合生产者自身的经济利益需要，又能避免资源浪费带来的环境污染问题。二是提高生态产品质量标准。生产者必须意识到，受到污染的环境致使自然界可供使用的优质资源日渐减少，这将直接导致企业生产出的产品质量下降。为了生产出优质产品以赢得市场、企业必须节约优质资源并主动寻求替代品。同时，企业提高了产品质量，也必然能够延长产品使用寿命，使产品能够重复多次长期利用。这也是一种自然成本的节约。三是加强对生产者排污的监管。提高环境质量要求、加强排污监管，会敦促企业节约。因为投入的资源越少，污染物的排放量也会随之减少，从而减少治理污染带来的成本。四是政府可以出台政策，鼓励技术创新。无论是资源的源头减量还是过程节约，抑或是废弃物的回收和利用，都离不开技术。政府应出台制度，鼓励市场根据实际需求自主研发技术，并为技术的使用和推广创造良好条件。总之，通过各种举措促进节约自然成本，才能极大提高农村人均绿色 GDP，提升农村生态经济发展水平。

## （二）优化产业结构

合理的产业结构能够改变资源高消耗状态，对农村生态环境保护起到促进作用。

### 1. 适当提高第三产业比重

根据发达国家经济发展经验，优化农村产业结构，要在第一、第二产业健康发展的条件下，适当提高第三产业比重。产业结构优化并不能单纯以三次产业的比重来衡量，而要在合理的前提下，注重三次产业的发展质量。为此，要因地制宜地出台产业发展规划。在不同的农村地区，宜农则以农为主、宜工则以工为主、宜商则以商业为主，要根据各地农村的实际情况推动第三产业健康发展、适当地提高第三产业比重；在第三产业内部，也要遵循适宜性原则，宜发展旅游则重点发展旅游、宜发展物流则重点发展物流、宜发展教育则重点发展教育，并在重点发展某一方面的同时实现与其他方面的协调。总之，切不可脱离地方资源禀赋和特点冒然地提升第三产业比重，也不可盲目模仿照搬其他地区的发展模式。否则，将无法保证经济发展质量，会导致浪费更多的资源、对农村生态环境造成更大的破坏。

2. 促进多产融合

优化产业结构，要在适宜的基础上，促进农村多产融合发展。当前多数农村地区产业发展单一，或是单纯以种植业为主，或是单纯以养殖业为主，或是单纯发展工业或者旅游业。单一的产业结构不利于形成经济循环发展的产业链条，也不利于农村生态环境保护。基于此，要制定多产融合规划，不断优化农村产业结构。在宜农区域鼓励以农为主，实现种植业、养殖业、加工业、旅游业的融合发展；在宜工区域鼓励以工为主，将一些有高度相关性的企业和产业联系起来，实现企业之间和产业之间资源循环利用；在宜旅游区域鼓励通过旅游业，带动交通、物流、房产、餐饮、购物、通信等多产融合发展。通过推行多产融合发展，可以促使资源利用形成更大的循环，节约自然成本，获得经济和生态的双重收益。更为重要的是，多产融合避免了农村发展道路的单一性，也可以促进农村居民多元化发展，从而为农村生态环境治理储备多元化人才。

3. 大力发展绿色环保产业

环保产业以保护环境、节约资源为特性，具有跨产业、跨区域的特点，可以作为优化农村产业结构的关键点。政府应通过税收、财政等政策，鼓励扶持绿色环保产业的发展；支持绿色环保产业发挥自身优势，带动各个产业实现有效互动，促使农村特色产业和多产融合在发展道路上更绿色、更节能环保；同时，为绿色环保产业能够在市场上有序竞争创造公平公正的市场环境，使其能够合法为农村生态环境治理提供各种设施和服务，形成新的农村生态环境治理业态和模式。

## （三）发展生态科技

为了谋求自身更好地生存和发展，人类需要改造自然，科学技术就是人改造自然的工具。无论是中国传统文化，还是马克思主义，都提倡人类改造自然需要遵循自然规律，农村生态环境治理法治化更是致力于此。在利用和改造自然的过程中，能够遵循自然规律、有利于人与自然和谐发展的科学技术，就可以称为生态科技；反之，单纯地为满足人的物质贪欲和经济利益，对自然环境保护无益的技术，则是非生态的。

政府通过制订生态科技发展规划，发展有利于农村生态环境保护的科技。生态科技发展规划要体现三个立足，将经济发展与农村生态环境保护紧密联系起来。

1. 要立足节约自然成本发展生态科技

自然界能够为现代化生产和生活提供各种各样的资源作为原材料，但资源有限，不能无限制地提供。因此，发展生态科技，首先要倡导发展能够节约自然成本的科技。例如，种植业要凭借生态技术培育优质或特效种子、实施套种或间种栽培、进行测土配方施肥、改善灌溉方式，在节地、节水、节肥的前提下实现高产；工业生产要依托生态技术生产绿色产品、实行绿色工艺，做到资源节约、循环利用和减少排放。

2. 要立足优化产业结构发展生态科技

优化产业结构，能够最大限度地节约能源和保护农村生态环境。无论是多产融合，还是发展绿色环保产业，都离不开生态科技。为此，发展生态科技要致力于促进产业结构优化。通过建立科学合理的生态技术发展规划，通过多方面的科技体系保障和支持，保证多产高效融合，保证环保产品有效供给和环保服务体系有效运转。

3. 要立足消费需求发展生态科技。发展生态经济既要注重生产端，又要重视消费端，要立足消费需求发展生态科技。很多情况下，并非是农村居民绿色消费意识不强，而是绿色供给不足。例如，烟花炮竹消费在农村非常重要。每逢春节、元宵节、婚庆、店铺开张、房屋上梁等重要节日或重大时刻,农村居民都会大量燃放烟花爆竹。烟花爆竹燃放会对空气造成极强的污染,不利于生态环境保护。利用生态技术,改进鞭炮的成分,去除其污染之弊,保留其庆祝功能,则能起到更有效的效果。同样,对于绿色环保农药和肥料的研发也是如此。为了改善地力、驱除虫害,农民对农药和肥料的需求很大。这就需要有针对性地研发高效、环保的用品,以替代高毒高污染的化学用品,满足农民在生产方面的实际需求。总之,生态科技既是生态经济的推动力,也是农村生态环境治理的推动力。

### 三、发展生态政治

农村生态环境问题之所以存在,与政治决策、政治制度制定过程中的生态环境保护意识缺失或实施不力有关。生态政治将政治理念、政治活动与生态环境保护协同起来,切实维护人与自然和谐发展。在推进农村生态环境治理法治化过程中,通过法治引领,提升生态政治水平,能够为农村生态环境治理提供坚实的制度保障。发展生态政治的过程,就是农村生态环境治理法治化的过程。

#### (一)形成政治与生态环境协同发展的意识

长期以来,在现代化进程中,经济因素占据显著地位,政治因素、环境因素、人口因素等并未与经济因素一起协同发展,甚至逐渐成为单纯为经济服务的保障性因素。如同生态环境纯粹地为经济发展做贡献一样,中国政治也逐渐演变为主要为经济发展服务的因素,而在生态环境保护、自身发展等方面推动不足。发展生态政治不仅要使政治能够促进农村生态环境的发展,也要使农村生态环境的发展能够促进政治的发展。

就政治促进农村生态环境发展而言,政府应树立政治为公民公共环境利益服务的意识,制定有利于生态文化、生态经济、生态社会发展,有利于农村生态环境治理及修复的政策和制度,多方面保障农村生态环境健康发展。

就农村生态环境发展促进政治发展而言，良好的农村生态环境不仅是政治向着民主、健康、生态的方向发展的产物，其也有利于国内政局的稳定，有利于我国在国际生态实力竞争中保持先进。科学意识的形成既需要自觉，也需要约束。为此，一方面应通过健全终身学习制度，使从政者牢固树立政治与生态环境协同发展的意识；另一方面，也要通过改革政府绩效评价标准，督促政府积极肩负起生态环境保护重任。具体说来，需要加大政绩考核中环境考核的比重，并对公职人员实行严格的生态环境责任追究制度。通过环境职能考核和责任追究，促使从政者真正花大力气保护生态环境、为人民谋求公共福祉。

### （二）推动农村生态环境法治建设

发展生态政治，不仅要形成政治与生态环境保护协同发展的意识，还要大力推进农村生态环境法治建设。这是政府职责所在，也是农村生态环境治理法治化的必然要求。

1. 推动全民形成对法律的普遍信仰，为农村生态环境法治奠定思想基础

推行法治，首先要形成全民对法治的信仰。为此，要制订法治普及教育规划，加强法治教育，将法治教育纳入学校教育体系，增强民众法治意识。在农村生态环境治理进程之中，要用法治思维进行引领；在农村生态环境治理的各个方面，都要融入法治观念。法治信仰的形成需要从小抓起，从细微做起。从科学立法到全民守法，从依法执政到依法行政，全方位、多层面烘托法治氛围。

2. 要完善相关法律制度，为农村生态环境法治奠定制度基础

真正的法治是良法善治，拥有良法则必须使法律体系彰显良法之精神。这就需要为农民的生存和发展提供最有力保障，并且在完善法律的过程中坚持城乡公平、区域公平、代际公平。公共环境利益可以分为资源性环境利益和生态性环境利益，要不断完善农村资

源节约和生态环境保护制度，包括耕地保护制度，节约用水制度，秸秆还田制度，畜禽粪便资源化制度，发展循环经济的制度，生活垃圾分类处理利用制度，农村大气、水和土壤的保护和修复制度，农村环境保护公共服务制度以及环境责任制度等。为保障各种制度的有效运行，还需践行群众路线，集思广益、不断创新制度运行的体制机制。

3. 要提升法治人员素质和能力，为农村生态环境法治奠定实践基础

法治人员是推进农村生态环境法治的主体力量，其法律素养的高低影响着法治的成效。可以制订法治人员培训专项计划，通过专业教育、技能培训、交流学习等方式，提高法治人员在农村生态环境立法、执法、司法方面的素质和能力。同时，还可以对法治人员的专业素质进行常规性考核，通过技能大赛、资质审查、年终考核等方式，激励其提高素质和能力。

**（二）重视公民参与农村生态环境治理**

由于生态环境利益的公共性，发展生态政治必须重视公民参与。同时，为改变自上而下的决策方式，也必须走群众路线，坚持一切环境决策思想来源于人民群众，坚持一切环境决策都要到人民群众的实践中去接受检验。这也是"一切为了群众""一切依靠群众"思想路线在推进农村生态环境治理法治化问题上的具体阐释。

公民参与农村生态环境治理是《中华人民共和国环境保护法》赋予的神圣权利。[①] 这需要政府转变观念，出台相应的制度规范，真正落实公民参与环境政策，提升公民参与农村生态环境治理实效。

---

① 《中华人民共和国环境保护法》第五章"信息公开和公众参与"规定："公民、法人和其他组织依法享有获取环境信息、参与和监督环境保护的权利。各级人民政府环境保护主管部门和其他负有环境保护监督管理职责的部门，应当依法公开环境信息、完善公众参与程序，为公民、法人和其他组织参与和监督环境保护提供便利。"

1. 理念认同

公民参与农村生态环境治理不应局限于形式，关键在于实效。为保证参与实效，首先要在理念上认同公民参与的重要性。这源于：其一，农村生态环境问题存在复杂性，单凭政府之力很难获得全面完整的信息，需要广泛的公民参与以集中众人智慧，尽量更好地解决环境问题，努力做到一切正确环境决策的形成都要依靠群众；其二，农村生态环境问题与每一位农村居民、每一个农村企业、每个相关职能部门的实践息息相关，其解决也需要每一个主体的努力，换言之，推进农村生态环境治理，不仅需要节约资源和保护环境，还需要从政治、经济、文化、社会等多方面群策群力，做到一切正确环境决策的执行都要依靠群众；其三，有不少决策者还存在让普通公民参与环境治理耗费时间和精力，投入产出比不高的想法。任何一项环境决策的制定都是为了更好地执行，如果缺少公民的参与环节，可能会导致政府所掌握信息的不完善，也可能导致政策在执行过程中缺乏民众的支持，最终效果难以令人满意。因此，尽管前期的公民参与可能会增加政策出台成本，但是后期的执行效力将会与之大大抵消。最重要的是，真正有利于农村生态环境保护的一切政策都是为了人民群众的，是功在千秋的，主要决策者为此付出一些时间和精力是值得的。如果为公民参与做好充分的准备，是可以节省大量成本的，而环境破坏后的修复则会花费更多的成本，甚至耗费几代人的时间。

2. 为公民参与做好充分准备

为公民参与做好准备，首先要根据具体的生态环境问题确定参与的主体。在需要较高的专业知识的环境标准制定方面，公民参与可以是小范围的，甚至可以仅包括具有较高知识水平的专家和团体；在具体的环境问题解决方面，如如何调动农村居民积极践行绿色消费、如何身体力行地保护农村生态环境，则要争取最广大的农村居民参与。对于涉及企业节能减排、提供绿色产品和服务供给问题，则需要争取各行各业代表参与。其次，要为公民参与做好保障。这需要相关的信息公开，为公民参与做好信息准备；需要一定的技能培训，以形成高质量的参与；还需要参与方式多样化，如随机的电话咨询、问卷调查、网络论坛、公民听证、团体咨询等，以多样化的参与来满足不同参与群体或个人的实际需求，最大限度地获取有效信息、赢得不同参与者对政策的支持。在信息时代，网络参与可以大大降低参与成本，也可以突破时空局限，需要引起高度重视。在推进网络参与的同时，还需要提供各种保障，防止网络参与仅仅停留在抱怨和不满的层面，要本着合作的精神，深入挖掘民众不满和抱怨背后的解决之道。

### 3. 将参与结果转化为具体实践

任何公民参与都是为了形成科学有效的农村生态环境治理决策并将其付诸实践，因此，必须高度重视公民参与的结果，并将其内化于农村生态环境治理法治化实践之中。否则，公民参与就是无效的。真正有效的公民参与不仅与实施者的群众路线意识、执行素质和能力密切相关，也与相关部门的合作密切相关。坚持群众路线、具有高素质的实施者能够为公民参与做好充分的准备，而相关部门的高度配合也有助于公民参与结果的付诸实践。同时，真正有效的公民参与也需要农村生态环境治理主体能力的提升，尤其是农村居民在生态环境保护方面能力的提升。作为农村环境保护的主体力量，农村居民的参与程度与参与效果直接关系到农村生态政治的水平，关系到农村生态环境治理法治化的程度。

### 四、发展生态社会

一般意义上，社会是人类社会的特指。人是社会的因子，社会是由人组成的。在农村生态环境问题产生的原因上，除了自然界自身的变化，更重要的原因是人的不当行为。人类对自然界的忽视甚至无视，才导致出现了种种破坏自然环境的行为，才有了建立在对自然的盘剥和倾轧基础之上的人对人的盘剥和倾轧。可以说，每个个体的言行举止、人与人之间的关系，实质上反映了人对自然的态度，反映了人与自然之间的关系。因此，发展生态社会，实际上是要发展具有生态意识和生态行为的人。通过法治引领，发展生态社会，就是要通过法的约束改变人对自然的不当行为，改变人与人之间不和谐的关系，促进人与自然的和谐发展。

### （一）人与自然和谐发展

人是自然界的产物，人类社会就是自然的人化。处理好人与自然的关系，是人类社会永恒的主题。在原始社会，人对自然怀有高度的崇拜之情以及深深的敬畏；在农业社会，人对自然界的慷慨赠予充满感激，在朝作暮息式的改造自然的过程中一直保持着祭祀天地、尊重自然的传统；而自从进入工业社会，人对自然的态度发生了巨大的改变，随着"科学技术"的发展，自然迅速沦为人类积聚物质财富和满足贪欲的牺牲品。在很多情况下，只有攫取没有奉献、只有破坏没有保护，自然界遭受到的破坏已经令整个社会震惊。

同样，面对严峻的农村生态环境问题，面对农村生态环境遭受到的破坏，必须重新审视人与自然的关系，坚持人与自然和谐发展。这也是生态社会的命题中的应有之义。坚持人与自然和谐发展，应完善废品回收利用制度，减少废弃物的闲置率以减少农村生态环境污染和破坏；应制定农业节水制度，通过节水技术的研发及应用，控制农业用水总量，提升用水效率；应制定生物质能转化制度，提高农村沼气利用效能；应完善粪便堆肥制度，使农户能够运用清洁技术，高效堆肥；还要严防农业面源污染、严禁垃圾焚烧，实行土地轮作和自然生态修复。通过不断建立健全资源节约制度、污染防治制度、生态修复制度，构建资源节约型、环境友好型农村。

### （二）人与人和谐发展

马克思主义认为，人是自然的对象性存在物，但是人的自然属性要从社会中去体现，人的本质要从人与人之间的社会关系中去展示。①从这个意义上说，坚持人与自然和谐发展，在社会中体现为坚持人与人的和谐发展。只有每个人都认识到自然界的承受力有限、自然资源有限，人才能真正放弃物质贪欲，深刻思考人生的真正意义。真正有意义的人生应该是物质和精神双重富有，具有和谐的身心关系、和谐的人际关系、和谐的代际关系的人生，这也是坚持人与人和谐发展的内在要求。当前，诸多的农村生态环境问题都与资源在少数人手中不断积聚、社会贫富差距不断扩大有关。解决这些问题，需要发展人与人和谐发展的生态社会，从根本上消除人与人之间的对立和冲突。简言之，在实践过程中，需要通过宣传、教育等方式推动形成农村和谐的邻里关系，同时可以通过联谊会、互助组等多种方式促进农村当地居民与外来人口和谐发展。人与人的和谐程度越高，则人与自然的和谐程度就越高，对农村生态环境治理也越有利。

### （三）大力培育生态人

人是生态社会发展的主体力量。无论是人与自然和谐发展，还是人与人和谐发展，都离不开人的努力与实践。与经济人不同，生态人崇尚人与自然之间的和谐，并能够在生产和消费的实践中促进人与人的和谐。为此，要大力培育生态人，尤其是生态农村居民，为发展农村生态社会发展提供人力支撑。

#### 1. 培育生态专业人才

培育生态人要以学校为主要阵地，将生态环境保护教育纳入小学、初中和高中教育体系之中，把学生培育成合格的生态人，引导其成为农村生态环境保护的重要力量。鼓励有条件的高校开设环境保护专业，为农村生态环境治理法治化培育专业人才。

#### 2. 培育生态家庭成员

培育生态人要注重家庭的作用，可以组织各种家庭活动来传承

---

① 马克思恩格斯全集：第 42 卷 [M]．北京：人民出版社，1979：122.

农村生态环境保护理念，如进行秸秆回收利用、禽畜粪便还田、生活垃圾源头减量和分类处理等农村生态环境治理实践。

3. 培育生态社会人

培育生态人还需以社会为平台，一方面可以通过政策激励、资金扶持、税务减免等手段，激励企业的经济人升级为生态人；另一方面，可以为高校和科研院所、各企事业单位的环保从业人员创造良好的环境和条件，激励其不断提升自身环境素养和能力，为农村生态环境治理提供优质的创意、产品、技术和服务。农村居民成为生态人，农村生态环境治理法治化前景光明；全体生态人群策群力，农村优美生态环境未来可期。

# 参考文献

## 一、马克思主义文献类

[1] 马克思恩格斯全集：第 42 卷［M］. 北京：人民出版社，1979.

[2] 马克思恩格斯选集：第 1 卷［M］. 北京：人民出版社，1995.

[3] 马克思恩格斯选集：第 2 卷［M］. 北京：人民出版社，1995.

[4] 马克思恩格斯选集：第 3 卷［M］. 北京：人民出版社，1995.

[5] 马克思恩格斯选集：第 4 卷［M］. 北京：人民出版社，1995.

[6] 马克思恩格斯全集：第 23 卷［M］. 北京：人民出版社，1995.

[7] 马克思恩格斯文集：第 1 卷［M］. 北京：人民出版社，2009.

[8] 恩格斯. 自然辩证法［M］. 北京：人民出版社，1984.

[9] 毛泽东文集：第六卷［M］. 北京：人民出版社，1999.

[10] 毛泽东文集：第七卷［M］. 北京：人民出版社，1999.

[11] 周恩来. 周恩来选集：下卷［M］. 北京：人民出版社，1984.

[12] 邓小平文选：第一卷［M］. 北京：人民出版社，1994.

[13] 邓小平文选：第二卷［M］. 北京：人民出版社，1994.

[14] 邓小平文选：第三卷［M］. 北京：人民出版社，1993.

[15] 江泽民文选：第一卷［M］. 北京：人民出版社，2006.

[16] 江泽民文选：第二卷［M］. 北京：人民出版社，2006.

[17] 江泽民文选：第三卷［M］. 北京：人民出版社，2006.

［18］胡锦涛. 高举中国特色社会主义伟大旗帜，为夺取全面建设小康社会新胜利而奋斗［M］. 北京：人民出版社，2007.

［19］习近平总书记系列讲话精神学习读本［M］. 北京：中共中央党校出版社，2013.

## 二、中国古典文献类

［1］［周］尸佼，［清］汪继培. 尸子［M］. 黄曙辉校. 上海：华东师范大学出版社，2009

［2］［晋］王嘉，［梁］萧绮. 拾遗记［M］. 齐治平校注. 北京：中华书局，1981.

［3］［唐］欧阳询. 艺文类聚［M］. 汪绍楹校. 上海：上海古籍出版社，1982.

［4］［宋］蔡沈. 书经集传［M］. 世界书局影印，1936.

［5］［宋］李昉等. 太平御览［M］. 北京：中华书局，1960.

［6］［宋］张载. 张载集［M］. 章锡琛点校. 北京：中华书局，1978.

［7］［清］焦循. 孟子正义［M］. 沈文倬点校. 北京：中华书局，1987.

［8］［清］苏舆撰. 春秋繁露义证［M］. 钟哲点校. 北京：中华书局，1992.

［9］［清］马骕. 绎史［M］. 王利器整理. 北京：中华书局，2002.

［10］［清］郭庆藩. 庄子集释［M］. 北京：中华书局，2006.

［11］杨伯峻. 列子集释［M］. 北京：中华书局，1979

［12］朱谦之. 老子校释［M］. 北京：中华书局，2000.

［13］山海经［M］. 方韬译注. 北京：中华书局，2009.

［14］尚书［M］. 慕平译注. 北京：中华书局，2009.

### 三、著作类

［1］严存生. 法治的观念与体制·法治国家与政党政治［M］. 北京：商务印书馆，2013.

［2］段秋关. 中国现代法治及其历史根基［M］. 北京：商务印书馆，2018.

［3］唐珂. 美国农业——发展中的世界农业［M］. 北京：中国农业出版社，2015.

［4］焦必方孙彬彬. 日本现代农村建设研究［M］. 上海：复旦大学出版社，2009.

［5］卞有生. 国内外生态农业对比：理论与实践［M］. 北京：化学工业出版社，2000.

［6］冯肃伟，戴星翼. 新农村环境建设［M］. 上海：上海人民出版社，2007.

［7］葛志华. 从新农村到新国家［M］. 江苏：人民出版社，2008.

［8］郇庆治. 重建现代文明的根基：生态社会主义研究［M］. 北京：北京大学出版社，2010.

［9］洪大用，马国栋. 生态现代化与文明转型［M］. 北京：中国人民大学出版社，2014.

［10］黄锡生. 社会主义新农村建设的环境法律问题研究［M］. 北京：法律出版社，2015.

［11］蒋和平，朱晓峰. 社会主义新农村建设的理论与实践［M］. 北京：人民出版社，2007.

［12］姬振海. 生态文明论［M］. 北京：人民出版社，2007.

［13］陆学艺. 社会学［M］. 北京：知识出版社，1991.

［14］陆学艺. 中国农村现代化道路研究［M］. 南宁：广西人民出版社，2001.

［15］陆学艺. 农村现代化基本问题［M］. 北京：中共中央党

校出版社，2004.

[16] 李培超. 自然与人文的和解：生态伦理学的新视野 [M]. 长沙：湖南人民出版社，2001.

[17] 骆世明. 农业生态学 [M]. 北京：中国农业出版社，2001.

[18] 李文华. 中国可持续农业的理论与实践 [M]. 北京：化学工业出版社，2003.

[19] 李云才，刘卫平，陈许华. 中国农村现代化研究 [M]. 长沙：湖南人民出版，2004.

[20] 罗沛霖等. 当代中国农村的社会生活 [M]. 北京：中国社会科学出版社，2005.

[21] 刘仁胜. 生态马克思主义概论 [M]. 北京：中央编译出版社，2007.

[22] 卢风. 从现代文明到生态文明 [M]. 北京：中央编译出版社，2009.

[23] 李挚萍. 农村环境管制与农民环境权保护 [M]. 北京：北京大学出版社，2009.

[24] 刘思华. 生态文明与绿色低碳经济发展总论 [M]. 北京：中国财政经济出版社，2011.

[25] 刘彦随. 中国新农村建设地理论 [M]. 北京：科学出版社，2011.

[26] 罗荣渠. 现代化新论 [M]. 上海：华东师范大学出版社，2013.

[27] 潘维，贺雪峰. 社会主义新农村建设的理论与实践 [M]. 北京：中国经济出版社，2006.

[28] 乔刚. 生态文明视野下的循环经济立法研究 [M]. 杭州：浙江大学出版社，2011.

[29] 任保平. 西部地区生态环境重建模式研究 [M]. 北京：人民出版社，2008.

［30］孙道进. 马克思主义环境哲学研究［M］. 北京：人民出版社，2008.

［31］唐绍均. "环境优先"原则的法律确立与制度回应研究［M］. 北京：法律出版社，2015.

［32］汪劲. 环境正义——丧钟为谁而鸣［M］. 北京：北京大学出版社，2006.

［33］汪劲. 环境法治的中国路径：反思与探索［M］. 北京：中国环境科学出版社，2011.

［34］王明初，杨英姿. 社会主义生态文明建设的理论与实践［M］. 北京：人民出版社，2011.

［35］温铁军、张林秀. 社会主义新农村的基础设施建设与管理问题研究［M］. 北京：科学出版社，2011.

［36］肖显静. 生态政治——面对环境问题的国家抉择［M］. 太原：山西科学技术出版社，2003.

［37］荀庆志. 环境政治学：理论与实践［M］. 济南：山东大学出版社，2007.

［38］叶敬忠. 农民视角的新农村建设［M］. 北京：社会科学文献出版社，2006.

［39］余谋昌. 生态文明论［M］. 北京：中央编译出版社，2010.

［40］俞可平. 论国家治理现代化［M］. 北京：社会科学文献出版社，2014.

［41］张庆忠. 社会主义新农村建设研究［M］. 北京：社会科学文献出版社，2009.

［42］周鑫. 西方生态现代化理论与当代中国生态文明建设［M］. 光明日报出版社，2012.

［43］周军. 中国现代化与乡村文化建构［M］. 北京：中国社会科学出版社，2012.

［44］周生贤. 环保惠民 优化发展：党的十六大以来环境保护

工作发展回顾（2002—2012）［M］．北京：人民出版社，2012.

［45］［德］马丁·耶内克，克劳斯·雅各布主编．全球视野下的环境管治：生态与政治现代化的新方法［M］．李慧明，李昕蕾，译．济南：山东大学出版社，2012.

［46］［荷］阿瑟·摩尔，［美］戴维·索南菲尔德．世界范围的生态现代化——观点和关键争论［M］．张鲲，译．北京：商务印书馆，2011.

［47］［奥］凯尔森．法与国家的一般理论．［M］．沈宗灵，译．商务印书馆，2013.

［48］［美］大卫·莱昂斯．伦理学与法治［M］．葛四友，译．商务印书馆，2016.

［49］［美］埃莉诺·奥斯特罗姆．公共事物的治理之道：集体行动制度的演进［M］．余逊达，陈旭东，译．上海：上海译文出版社，2012.

［50］［美］丹尼尔·W．布罗姆利．经济利益与经济制度：公共政策的理论基础［M］．陈郁，等，译．上海：格致出版社，2012.

［51］［美］曼瑟尔·奥尔森．集体行动的逻辑［M］．陈郁，等，译．上海：上海三联书店，上海人民出版社，1995.

［52］［美］R．科斯，A．阿尔钦，D．诺斯．财产权利与制度变迁［M］．刘守英，等，译．上海：上海三联书店，上海人民出版社，1994.

［53］［美］诺思．制度、制度变迁与经济绩效［M］．杭行，译．上海：格致出版社，上海三联书店，2008.

［54］［美］R．盖伊·彼得斯．政府未来的治理模式［M］．吴爱明，夏宏图，译．北京：中国人民大学出版社，2013.

［55］［美］史普博．管制与市场［M］．余晖，等，译．上海：格致出版社，上海三联书店，2008.

［56］［美］汤姆·蒂滕伯格．环境与自然资源经济学［M］．金

志农，余发新，译. 北京：中国人民大学出版社，2011.

[57]［美］小弗兰克•格雷厄姆.《寂静的春天》续篇［M］. 罗进德，等，译. 上海：科学技术文献出版社，1988.

[58]［美］约翰•克莱顿•托马斯,公共决策中的公民参与［M］孙柏瑛，等，译. 北京：中国人民大学出版社，2010.

[59]［美］珍妮特•V. 登哈特，罗伯特•B. 登哈特，新公共服务：服务，而不是掌舵［M］. 方兴，丁煌，译. 北京：中国人民大学出版社，2010.

[60]［印］萨拉•萨卡. 生态社会主义还是生态资本主义［M］. 张淑兰，译. 济南：山东大学出版社，2012.

[61]［日］岸根卓郎. 环境论——人类最终的选择［M］. 南京：南京大学出版社，1999.

[62]［日］岩佐茂. 环境的思想：环境保护与马克思主义的结合处. 韩立新，译. 北京：中央编译出版社，1997.

[63]［英］安德鲁•多布森. 绿色政治思想［M］. 郇庆治，译. 济南：山东大学出版社，2012.

[64] Carruthers, Stoner. Economic Aspects and Policy Issues in Groundwater Development [M]. World Bank staff working paper No. 496. The World Bank, Washington, D. C., 1981.

[65] Mol, A. P. J. The Refinement of Prouction: Ecological Modernisation Theory and the Chemical Industry [M]. Utrecht: Jan van Arkel/International Books. 1995.

[66] Hajer, M. A. The Politics of Environmental Discourse: Ecological Modernization and the Policy Process [M]. Oxford: Oxford University Press. 1995.

## 四、期刊论文

[1] 卜祥记，何亚娟. 经济哲学视域中的生态危机发生机制透

析 [J]. 马克思主义与现实，2013(3)：171-175.

[2] 陈佑启. 论农村生态系统与经济的可持续发展 [J]. 中国软科学，2000(8)：24-30.

[3] 陈南岳. 我国农村生态贫困研究 [J]. 中国人口·资源与环境，2003(4)：45-48.

[4] 陈群元，宋玉祥. 我国新农村建设中的农村生态环境问题探析 [J]. 生态环境，2007(3)：146-149.

[5] 陈启明. 生态文明视野下的农村环境问题探析 [J]. 农业经济，2009(9)：12-14.

[6] 陈翠芳. 论利益矛盾与生态危机 [J]. 当代世界与社会主义，2011，(3). 130-133.

[7] 董锁成，王海英. 西部生态经济发展模式研究 [J]. 中国软科学，2003(10)：114，115-119.

[8] 费广胜. 农村生态文明建设与农民合作组织的生态文明功能 [J]. 农村经济，2012(2)：104-108

[9] 方世南. 生态现代化与和谐社会的构建 [J]. 学术研究，2005(3)：10-13.

[10] 谷继建，殷朝华. 关于城市人口粪便排放的资源开发对农业经济生态影响研究——一种循环经济理论的思索 [J]. 中国软科学，2010(10)：57-62.

[11] 郭熙保，杨开泰. 生态现代化理论评述 [J]. 教学与研究，2006(4)：46-52.

[12] 郭庭天. 当代中国社会主义生态政治的特征分析 [J]. 中国软科学，2006(1)：83-89.

[13] 郭方. 发展乡镇企业与建设农村生态环境——对我国农村持续发展的探讨 [J]. 中国人口·资源与环境，1995(4)：35-38.

[14] 管爱华. 农村生态文明建设中农民的价值观转换 [J]. 马克思主义与现实，2009(1)：152-154.

　　［15］胡鞍钢，王亚华．从生态赤字到生态建设：全球化条件下中国的资源和环境政策［J］．中国软科学，2000(1)：6-13．

　　［16］黄英娜，叶平．20世纪末西方生态现代化思想述评[J]．国外社会科学 2001(4)：2-9．

　　［17］何传启．中国生态现代化的战略选择[J]．理论与现代化，2007(9)：5-13．

　　［18］侯俊东，吕军，尹伟峰．农户经营行为对农村生态环境影响研究［J］．中国人口·资源与环境，2012(3)：26-31．

　　［19］郇庆治．生态现代化理论与绿色变革［J］．马克思主义与现实(双月刊)，2006(2)：90-98．

　　［20］郇庆治，马丁·耶内克．生态现代化理论：回顾与展望［J］．马克思主义与现实，2010(1)：175-179．

　　［21］陆学艺．中国农村现代化的道路［J］．教学与研究，1995(5)：18-24．

　　［22］李惠敏，霍家明，于卉．海河流域水污染现状与水资源质量状况综合评价［J］．水资源保护，2000(4)：12-14．

　　［23］李昌峰，张鸿辉．建国以来人类活动对湖北省四湖地区水环境的影响研究［J］．国土与自然资源研究，2003(4)：68-70．

　　［24］林年丰，汤洁．松嫩平原环境演变与土地盐碱化、荒漠化的成因分析［J］．第四季研究，2005(4)：474-483．

　　［25］李勇进，陈文江，常跟应．中国环境政策演变和循环经济发展对实现生态现代化的启示［J］．中国人口·资源与环境，2008，18(5)：12-18．

　　［26］李森等．30年来粤北山区土地石漠化演变过程及其驱动力——以英德、阳山、乳源、连州四县(市)为例［J］．自然资源学报，2009(5)：816-825．

　　［27］李阳兵，罗光杰，程安云等．黔中高原面石漠化演变典型案例研究——以普定后寨河地区为例［J］．地理研究．2013(5)：828-

838.

[28] 蔺雪春. 中国生态文明建设的路径选择: 从可持续发展到生态现代化 [J]. 社会科学家, 2009(1): 42-45.

[29] 吕军, 尹伟锋, 侯俊东. 两型社会建设试点区农村生态环境变迁规律研究 [J]. 中国人口·资源与环境, 2012(10): 55-62.

[30] 梁流涛, 曲福田, 冯淑怡. 农村生态资源的生态服务价值评估及时空特征分析[J]. 中国人口·资源与环境, 2011(7): 133-139.

[31] 刘文玲, 王灿, Spaargaren Gert, Mol Arthur P.J. 中国的低碳转型与生态现代化 [J]. 中国人口·资源与环境, 2012, 22(9): 15-19.

[32] 刘晓光, 侯晓菁. 中国农村生态文明建设政策的制度分析 [J]. 中国人口·资源与环境, 2015(11): 105-112.

[33] 马清裕. 我国城镇化的特点及发展趋势的初步分析 [J]. 经济地理, 1983(2): 126-131.

[34] 马国栋. 批判与回应: 生态现代化理论的演进 [J]. 生态经济. 2013(1): 24-28.

[35] 玛莉·伊夫林·塔克, 苏志加. 生态与古典文化: 环保的新根据 [J]. 马克思主义与现实, 2009(1): 10-14.

[36] 潘根兴, 冉炜. 中国大气酸沉降与土壤酸化问题 [J]. 热带亚热带土壤科学, 1994, 3(4): 243-252.

[37] 彭向刚, 向俊杰. 论生态文明建设视野下农村环保政策的执行力——对"癌症村"现象的反思 [J]. 中国人口·资源与环境, 2013(7): 13-21.

[38] 裘善文. 试论科尔沁沙地的形成与演变 [J]. 地理科学, 1989(4): 317-328.

[39] 荣艳淑, 屠其璞. 天津地区蒸发演变及对本地气候干旱化影响的研究 [J]. 气候与环境研究, 2004(4): 575-581.

[40] 任平. 生态的资本逻辑与资本的生态逻辑——"红绿对

话"中的资本创新逻辑批判 [J]. 马克思主义与现实，2015(5)：161-166.

[41] 尚虎平. 我国西部生态脆弱性的评估：预控研究 [J]. 中国软科学，2011(9)：122-132.

[42] 孙莉莉. "苦役踏车"与"生态现代化"理论之争及环保制度的构建 [J]. 学术论坛，2012(10)：171-176.

[43] 王菊思. 中国的水污染与水短缺问题 [J]. 生态学报，1990(1)：71-80.

[44] 王如松. 从农业文明到生态文明——转型期农村可持续发展的生态学方法 [J]. 中国农村观察，2000，(1)：2-9.

[45] 王如松. 生态环境的内涵的回顾与思考 [J]. 科技术语研究，2005，7(2)：28-31.

[46] 王奇，李鹏. 基于"三位一体"的我国农村生态经济发展模式 [J]. 生态经济，2008 (7)：68-72.

[47] 吴晓明. 马克思主义哲学与当代生态思想 [J]. 马克思主义与现实，2010(6)：77-84.

[48] 吴月芽，张根福. 1950 年代以来太湖流域水环境变迁与驱动因素 [J]. 经济地理，2014(11)：151-157.

[49] 小约翰·柯布，李义天. 文明与生态文明 [J]. 马克思主义与现实，2007(6)：18-22.

[50] 薛德强等. 山东省的干旱化特征分析[J]. 自然灾害学报，2007(3)：60-65.

[51] 熊康宁，陈起伟. 基于生态综合治理的石漠化演变规律与趋势讨论 [J]. 中国岩溶，2010(3)：267-272.

[52] 易志斌. 中国生态旅游治理研究 [J]. 中国软科学，2010(6)：15-24.

[53] 于法稳. 西北地区生态贫困问题研究 [J]. 中国软科学，2004(11)：27-30，56.

［54］叶海涛.生态环境问题何以成为一个政治问题?——基于生态环境的公共物品属性分析［J］.马克思主义与现实,2015(5):190-195.

［55］张国平,刘纪远,张增祥.基于遥感和 GIS 的中国 20 世纪 90 年代毁林开荒状况分析［J］.地理研究,2003(2):221-225.

［56］赵美玲,王述英.农业国际竞争力评价指标体系与评价模型研究［J］.南开经济研究,2005(6):39-44.

［57］赵美玲.现代农业评价指标体系研究［J］.湖北行政学院学报,2008(1):65-68.

［58］朱鹏颐.农业生态经济发展模式与战术探讨［J］.中国软科学,2015(1):14-19.

［59］朱芳芳.中国生态现代化能力建设与生态治理转型［J］.马克思主义与现实,2011(3):193-196.

［60］朱芳芳.生态现代化的多重解读［J］.马克思主义与现实,2010(3):65-69.

［61］庄穆.生态环境危机之根源分析［J］.马克思主义与现实,2004(2):84-90.

［62］袁金辉.中国农村现代化的基本内涵与经验［J］.国家行政学院学报,2005(4):27-30.

［63］Cohen, Maurie J. Risk Society and Ecological Modernisation: Aternative Visions for Post-Industrial Nations ［J］. Futures,1997,29(2): 105-119.

［64］Christoff. P. Ecological Modernisation, Ecological Modernities ［J］. Environmental Politics, 1996, 5(3): 476-500.

［65］David Zilberman, Scott R. Templeton, Madhu Khanna. Agriculture and the environment: An economic perspective with implications for nutrition ［J］. Food Policy, 1999, 24(2-3): 211-229.

［66］Demsetz, H. Toward a Theory of Property Rights ［J］.

American Economic Review, 1967, 62(5): 347-359.

〔67〕Garrett Hardin. The Tragedy of the Commons [J]. Science (New York, N. Y.), 1968, 162: 1243-1248.

〔68〕Gert Spaargaren. Ecological modernization theory and domestic consumption [J]. Journal of Environmental Policy & Planning, 2000, (4): 323-335.

〔69〕Gajendra S. Niroula, Gopal B. Thapa. Impacts and causes of land fragmentation, and lessons from land consolidation in South Asia [J]. Land Use Policy, 2005, 22(4): 358-372.

〔70〕Harvey, David. Justice, Nature, And the Geography of Difference, Oxford: Blackwell. 1996: 377-383.

〔71〕Mol, A. P. J. Ecological Modernisation and Institutional Reflexivity: Environmental Reform in the Late Modern Age [J]. Environmental Politics. 1996，5(2): 302-323.

〔72〕Sarkar, S. Accommodating Industrialism: A third World Views of the West German Ecological Movement. The Ecologist，1990，20(4): 147-152.

〔73〕H. van Meijl, T. van Rheenen, A. Tabeau, B. Eickhout. The impact of different policy environments on agricultural land use in Europe [J]. Agriculture, Ecosystems and Environment, 2006, 114(1): 21-38.

〔74〕Spaargaren G. and A. P. J. Mol. Sociology, Environment and Modernity: Ecological Modernisation as a Theory of Social Change [J]. Society and Natural Resources. 1992, 5(4): 323-344.

## 五、学位论文

〔1〕陈瑜. "两型社会"背景下区域生态现代化评价与路径研究〔D〕. 长沙：中南大学，2010.

　　[2] 陈胤. 生态现代化理论与我国生态文明建设［D］. 上海：复旦大学，2010.

　　[3] 侯锐. 关于中国农村生态环境意识阶段划分的探讨［D］. 北京：中国社会科学院研究生院，2001.

　　[4] 何军. 农村生态环境治理的经验及启示探新［D］. 长沙：湖南师范大学，2012.

　　[5] 罗静. 农村生态评价及农田生态规划设计方法研究［D］. 扬州：扬州大学，2007.

　　[6] 吕子君. 基于 RS 与 GIS 的内蒙古正蓝旗草原沙化动态监测与评价研究［D］. 北京：北京林业大学，2005.

　　[7] 刘昌寿. 城市生态现代化：理论、方法及案例研究［D］. 上海：同济大学，2007.

　　[8] 梁流涛. 农村生态环境时空特征及其演变规律研究［D］. 南京：南京农业大学，2009.

　　[9] 李彦文. 生态现代化理论视角下的荷兰环境治理［D］. 济南：山东大学，2009.

　　[10] 李慧明. 生态现代化与气候谈判——欧盟国际气候谈判立场研究［D］. 济南：山东大学，2011.

　　[11] 李恩. 中国农村生态文化建设研究［D］. 长春：吉林大学，2012.

　　[12] 马永俊. 现代乡村生态系统演化与新农村建设研究——以浙江义乌为例［D］. 长沙：中南林业科技大学，2007.

　　[13] 潘好香. 西方"生态现代化"探析［D］. 济南：山东大学，2008.

　　[14] 谭姣. 论农村生态环境治理政策过程的公众参与［D］. 长沙：湖南师范大学，2012.

　　[15] 王周. 农村生态伦理建设研究——从中国农村的环境保护看农村生态伦理建设［D］. 长沙：湖南师范大学，2003.

[16] 杨思涛. 走向生态现代化——海南现代化路径选择历史过程研究 [D]. 上海：复旦大学，2007.

[17] 燕芳敏. 中国现代化进程中的生态文明建设研究 [D]. 中共中央党校, 2015.

[18] 张晓辉. 我国生态现代化路径选择研究 [D]. 西安：陕西师范大学，2007.

[19] 郑艳. 中国农村生态环境治理问题与对策浅论 [D]. 长沙：湖南师范大学，2012.

[20] Spaargaren Gert. The Ecological Modernisation of Production and Consumption: Essays in Environmental Sociology [D]. Wageningen Agricultural University: Wageningen. 1997.